덕을 세우는 윤리

새세대 교회윤리연구소를 후원해주시는 교회들

창립후원교회

대양교회(김기종 목사), 기둥교회(고신일 목사), 만나교회(김병삼 목사), 강남동산교회(고형진 목사), 예수소망교회(곽요셉 목사), 순복음원당교회(고경환 목사), 순복음경동교회(정재용 목사)

발전후원교회

대양교회(김기종 목사), 기둥교회(고신일 목사), 순복음경동교회(정재용 목사), 예수소망교회(곽요셉 목사), 복대교회(신조우 목사), 보석교회(어윤일 목사), 성은교회(홍세광 목사), 성환중앙교회(추연욱 목사), 탑동교회(박용완 목사), 소양교회(김용일 목사), 송해교회(허정범 목사), 혜성교회(최태수 목사), 숭실교회(김현수 목사), 조치원중앙교회(권세득 목사), 예명교회(연경남 목사), 자연빛교회(송원근 목사)

덕을 세우는 윤리

2009년 8월 10일 초판인쇄
2009년 8월 15일 초판발행
지은이 | 문시영
펴낸이 | 이찬규
펴낸곳 | 북코리아
등록번호 | 제03-01240호
주소 | 121-801 서울시 마포구 공덕동 115-13번지 2층
전화 | (02)704-7840
팩스 | (02)704-7848
이메일 | sunhaksa@korea.com
홈페이지 | www.sunhaksa.com

값 10,000원

ISBN | 978-89-6324-035-0 (93230)

덕을 세우는 윤리

새세대 교회윤리연구소
문시영 지음

북코리아

책머리에

교회의 윤리에 대한 관심이 많아졌다. 그만큼 우리가 윤리적이지 못했다는 뜻이겠다. 동시에 윤리야말로 교회를 새롭게 하는 해법이라는 뜻도 된다. 문제는 어떤 윤리인가 하는 점이다. 비난하고 정죄하고 심판하는 윤리가 너무 많다. 교회비판과 안티기독교운동이 구분되지 않을 정도이다. 바라기는 교회비판이 교회의 참모습을 회복하기 위한 노력이기를 기대해 본다.

한 가지 놓치지 않았으면 좋겠다. 교회비판이 윤리의 전부는 아니라는 것 말이다. 이 책은 교회비판 아닌 다른 방법으로 교회의 윤리를 말한다. '덕을 세우는 윤리'가 그것이다. 교회의 위계질서에 순응하라는 뜻이 아니다. 서로의 체면을 세워 주어야 한다는 뜻도 아니다. 교회에 대한 공동체적 관심을 회복하고 교회의 윤리적 성숙을 추구하자는 것이다. 특히, 한글성경 번역에서 '덕을 세우다'로 옮겨진 번역의 창의성이 단초가 되었다. 그 뜻을 풀이하기 위해 덕의 윤리에 관한 현대적 논의를 살펴본다. 이를 통해 오늘의 교회가 추구해야 할 윤리적 성숙이란 무엇인지, 그 과제는 또한 어떤 것인지 다루고자 한다.

덕을 세우는 윤리는 긍휼의 윤리, 은혜의 윤리, 혹은 복음대로 사는 윤리와 연결된다. 교회에 덕을 세운다는 것은 결국 복음을 따라 교회의 본질을 구현하자는 노력이기 때문이다. 복음 안에 우리를 향한 하나님의 긍휼이라는 은혜가 있고, 그것이 우리들 삶의 정체성이자 윤리적 근간임은 두말할 필요도 없다. 말하자면, 이 책은 '덕을 세우는 윤리'를 통해 복음대로 사는 것에 대해, 긍휼의 은혜를 따라 사는 삶에 대해 좀 더 많은 것을 생각하게 이끌어 주는 지침서인 셈이다.

이 책은 '덕'에 관한 세 가지 질문을 따라 답을 찾는 형식으로 구성되었다. 첫째 질문은 왜 '덕스럽게 하자' 하는가이다. 성품으로서의 덕에 관한 여러 생각들과 성경이 말하는 덕스러움에 대한 이야기들이 담겨 있다. 둘째 질문은 어떻게 '덕을 세울' 것인가이다. 교회에 대한 바른 인식의 필요성을 다룬다. 그리고 바울과 아우구스티누스, 그리고 현대 기독교윤리학자 스탠리 하우어워스의 생각을 샘플로 삼아 교회에 덕을 세우는 방식에 대한 이야기를 풀어 보았다. 셋째 질문은 '덕을 세우는 윤리'의 목적, 즉 Know-What의 문제이다. '은혜롭게 하자'는 것은 무엇이며, 그 목적은 무엇인지를 다루었다.

이 책이 나올 수 있도록 도와주신 새세대 교회윤리연구소(NICE: New-generation Institute of Church and Ethics)의 후원교회에 머리 숙여 감사드린다. 바라기는, 이 책이 한국교회의 윤리적 성숙을 위한 밑거름이 되었으면 좋겠다. 비난과 정죄와 심판의 윤리를 넘어 긍휼의 윤리, 은혜의 윤리, 복음대로 사는 윤리, 그리고 덕을 세우는 윤리가 구현되었으면 좋겠다. 이를 통해 한국교회를 새롭게 하고 은혜중심적 가치관을 회복하는 그날이 속히 오기를 기대해 본다.

2009. 8.
새세대 교회윤리연구소장
문시영

CONTENTS

Question 1. **WHY?**

왜, '덕스럽게 하자' 하는가?

· 아쉬운 덕(德), 그리운 덕스러움

· 덕스러움의 향수, '덕의 윤리'가 되다

· 덕, 기독교윤리의 '네러티브'였다

아쉬운 덕(德), 그리운 덕스러움

윤리의 위기, 위기의 윤리

'윤리의 위기'를 말하는 사람이 많아졌다. 의료 및 생명기술이 발전하면서 난치병 치료의 희망이 커지는 만큼 생명의 존엄에 대한 위협을 염려하는 경우도 많아졌다. 다원적 가치들을 존중해야 하는 것만큼이나 진리의 절대성에 대한 위기감이 고조되기도 한다. 그런가 하면, 시민적 비판과 개인의 자유가 확보되는 것도 좋지만 공동체의식이나 정감어린 사회에 대한 그리움 혹은 아쉬움 또한 커진다는 의견도 있다.

윤리의 위기에 대한 직접적인 표현은 요나스(Hans Jonas)에게서 찾을 수 있다. 그는 생태계에 대한 인간의 공격행위가 다음 세대의 존속을 걱정하게 만드는 '위기의 인식'을 불러일으킨다고 보았다. 그런 탓에, 오늘의 위기를 극복하기 위한 윤리가 필요하다고 말하기도 한다. '위기의 윤리'가 등장하는 대목이 바로 여기다. '윤리의 위기'인 동시에 '위기의 윤리', 이것이 우리가 사는 시대의 윤리적 지형도인 셈이다.

여러 목소리 중에서, '덕'(德)에 대한 관심은 현대 윤리학자들의 깊은 관심거리가 되고 있다. 개인주의가 두드러지면서 공동체가 해체되고 정이 오가는 모습이 점점 멀어지고 있다는 생각에 많은 사람들이 동의하고 있다는 점, 그것이다. 현대사회에서 공동체와 '덕'의 상실은 당연한 것일까? '덕스러움'은 시민사회 이전의 단계에나 맞는, 유효기간 지나버린 낡은 규범일까? 이러한 질문들과 함께 생각해 볼 것이 하나 더 있다.

특이하게도, '덕'과 '덕스러움'에 대한 소리가 교회 안에도 있다는 것, 그것도 꽤나 오랜 전통의 하나로 자리잡아 왔다는 점이다. 한글성경에 반복적으로 '덕스럽게 하는' 혹은 '덕을 세우는' 일에 대한 이야기가 등장하지 않는가. 과연 현대사회에서 공동체를 말하는 사람들이, 그리고 한국교회가 그토록 아쉬워하는 '덕'이란 무엇이며 그리운 '덕스러움'이란 어떤 것일까?

성품으로서의 덕스러움

덕에 대한 이해의 가능성 중 가장 가까운 것은 성품으로서의 '덕스러움'이다. 우리가 속한 아시아적 가치관에서, '덕스럽다'는 표현은 일종의 칭송이자 행위자의 인간됨에 관한 긍정적 평가에 속한다. 예를 들어 보자. 꼭 그런 것은 아니지만, 우선 두 가지 정도 '덕스러움'에 대한 이야기를 해보자. 하나는 적극적 해석, 다른 하나는 소극적 해석이다.

a. 마음이 후하고 성격이 온순하며 친화력 있는 사람을 가리켜 덕스러운(유덕한, virtuous) 사람이라고 부르는 경우. 화를 내기보다는 잘 참아내고 짜증을 부리기보다 웃는 낯으로 대하며, 사심이나 악의(惡意)가 없이 신사적이고 양보하기 좋아하는 사람이라는 뜻에서 이러한 사람을 가리켜 후덕(厚德)한 사람이라고 표현할 수 있을 듯싶다. 어쩌면 일상어법에만 의존할 때, '덕스럽다'는 '점잖은' 혹은 '좋은', '착한' 사람이라는 뜻에 가까울지 모르겠다.

b. 소규모 친목단체나 동호인 모임, 또는 전형적으로 교회공동체 회의에서 주최 측의 일방적인 의사 진행에 반론을 제기하고 잘잘못을 따져 묻기도 하며 보고서의 수치를 꼼꼼히 분석하고 의문사항을 질의하는 경우, 덕스럽다는 표현을 사용하지 않는다. 오히려 '말이 많고, 전체를 생각하지 않으며, 자기 이익을 대변하려는 사람'으로 몰아세우기 쉽다. 교회의 경우, 소그룹이나 회의를 막론하고 이의를 제기하거나 거칠게 항의하는 사람에게는 '은혜스럽게 하자' 내지는 '덕스럽게 하자'는 명분으로 제재가 가해지는 것이 보통일 듯싶다.[1)]

1) 이 부분은 필자의 논문 '덕스러움에 관한 기독교 윤리학적 고찰' (남서울대학교 논문집, 1997)의 내용을 바탕으로 수정보완한 것임을 밝혀 둔다.

a의 경우 덕스러움의 적극적 해석이다. 하지만, 덕스럽다는 말의 뜻이 천성적으로 후덕하거나 아니면 도덕적으로 순진한(naive) 사람이라는 뜻이라면 문제가 있다. 천성적으로 자기 이익에 연연하지 않고 양보하며 희생하는 경우를 덕스러운 사람의 표본으로 상정하는 것은 덕의 개념을 개인의 성품이나 천성에 대한 평가로 바꾸어 놓는 것에 불과하다. 심한 경우에는 도덕적 의미를 배제했거나 주관적이고 심리적인 관점에서 규정하는 것일지 모른다.

이처럼 '덕스러움'을 개인의 천성, 즉 타고난(innate) 특성이라고 말하는 것은 불공정하다. 성품과 기질이 그렇지 못한 사람은 좋은 평판을 받을 가능성 자체가 차단되고 말 테니까. 그 결과, 인간의 도덕적 변화와 성숙의 가능성을 축소시킬 위험이 있다.

그런 탓에, 우리는 덕스러움이라는 표현이 사용될 수 있는 조건을 이렇게 말해야 할 것 같다. 생득적 혹은 타고난 요소를 무시할 수 없지만 도덕적 노력이라는 후천적 습관화를 포함하여 관계적 맥락에서 형성되는 도덕적 능력이라고 말이다.

아리스토텔레스 식으로 도덕적 노력을 통해 '획득'되는 것이거나 아우구스티누스의 설명처럼 하나님의 은총으로 '고취'되는 것이거나 토마스 아퀴나스에서처럼 은총의 '주입'을 통해서 또는 종교개혁자들의 주장처럼 은총에 의해 '칭의'(justification)되는 등 일정한 경로를 통해 습득되고 성숙되어 가는 것이라 하겠다.[2)]

b의 경우를 보자. 주인공이 합리적이고 객관적인 판단에 의해 행

2) P. Ramsey. *Basic Christian Ethics* (The Univ. of Chicago Press, 1980), p.209

동하고 있다면 그는 '정의'(justice, 의협심이라고 할 수도 있다) 내지는 '용기'의 덕을 실천하는 것은 아닐까? 아니러니하게도 b는 말썽을 일으키는 사람으로 간주되기 십상이다. 회의 진행을 방해하고 불필요한 시비거리를 찾아내는 사람이라는 낙인이 찍히기 쉽다. 이 경우, 덕스럽다는 표현을 사용하기 주저한다면, 정의와 용기의 덕을 실천해야 할 맥락(context)에 들어맞지 않았을 가능성이 있다. 의협심이라는 차원에서 제안된 '정의'와 '용기'의 덕목이 '공동체적 맥락'과 상충하고 있는 셈이다.

만일, 첨예한 이익집단의 권익을 조정하는 법률적 혹은 정책적 의미를 지닌 회의라고 한다면 b의 경우에 문제를 제기한 사람은 정의와 용기의 덕을 실현하는 덕스러운 사람이라고 할 수 있겠다. 그러나 공동체의 재정적 열악함 때문에 정확한 수치를 따질 여건도 되지 않고 회원들 사이에 이익갈등이 문제가 되는 회의가 아니라고 한다면, 주인공의 행위는 공동체가 처한 문제상황이 무엇인지도 모르고 비판을 위한 비판, 시비거리를 찾기에 급급한 행위로 간주될 가능성이 크다.

이렇게 본다면, '덕스러움'을 말하는 것은 진공 상태가 아니다. 추상적이고 백지 상태와도 같은 객관의 정황에서 말하는 것이 아니라는 뜻이다. 적어도 흐름이라는 것이 전제되고 있고 그 흐름에 '알맞음'이라는 요소가 작용한다고 보아야 할 듯싶다. 이것을 다른 말로, '공동체적 맥락' 혹은 '공동체적 배경'이라 해도 지나치지 않다. 공동체가 채택한 이야기와 가치, 그리고 공동체가 처한 맥락에 비추어 덕스러움을 말할 수 있다는 뜻이다.

생각해 보자. 인간이란 현대윤리학의 자유주의자들이 말하는 추상적 존재 혹은 유령적 자아가 아닐 듯 싶다. 이성적 존재로서의 개인의 자유를 강조하는 것이 틀렸다는 뜻이 아니다. 인간을 공동체적 존재로 보는 관점에서도 이성에 대한 신뢰는 폐기되지 않는다. 입장이 다를 뿐이다. 행위의 옳고 그름은 구체적 맥락에 비추어 적실성(relavancy)에 따라 평가되어야 한다는 것이다.

아시아적 창으로 본다면

덕스러움에 대한 이해는 우리들 무의식에 잠재된 아시아적 가치관을 통해서도 보완되어야 한다. 덕분(德分), 덕택(德澤), 은덕(恩德), 그리고 덕장(德將), 학덕(學德)과 같은 표현들을 보면, 아시아적 가치관에 있어서 '덕'이 차지하는 위치를 엿볼 수 있다. 게다가 일상어법에서 발견되는 덕스러움에 관한 이야기들은 한국인의 의식에 깊게 뿌리내린 가치관인 것만 같다.

시집 온 며느리가 시어머니의 촌스러운 그릇들이 낡아 보여서 내다 버리겠다는 말을 했을 때, 시어머니가 며느리를 나무라지 않고 밤새 수고하여 그릇을 반짝거리도록 닦아 놓으셨다는 이야기는 '그 어르신 참 덕이 있는 분이시군요' 또는 '후덕(厚德)하시다' 하는 말이 나오게 한다. 이처럼 덕스러움이라는 단어를 굳이 배우지 않았어도 자연스레 튀어나오는 것, 그것이 우리네 일상어법이요 자연스러움일 듯싶다.

그것뿐이겠는가. 심지어 산수(山水)를 비롯한 자연에서도 덕스러움을 찾아낼 정도로 아시아적 가치관에 있어서 덕은 정말 중요하다. 개별 행위들에 관한 판단은 물론이고 행위자에 관한 평가, 즉 '덕스러운 사람' 혹은 '사람 됨됨이가 바른 사람'이라는 평가에서도 중요한 몫을 한다. 덕에 관한 이야기는 한국인의 의식에 익숙할 뿐 아니라 윤리적 평가의 기준으로 작용하고 있는 셈이다.

예를 들어, 유가사상을 생각해 보자. 유가철학은 '덕 중심의 윤리관'을 가지고 있다. 중국 대륙의 문화사에 비추어 보면, 고대국가형성기에는 권력을 합리화하는 '정치적 천명(天命)사상'으로 나타났다. 이것이 후에는 '도덕적 천명사상'으로 이어졌고, 주대(周代)에 형성된 유가사상은 한대(漢代) 이후 유가의 기본적인 덕목들을 '五常'(仁 · 義 · 禮 · 智 · 信)으로 정형화했다.[3] 아마도 이러한 유교적 가치관이 한국인의 의식과 생활에 깊이 뿌리내려 있는 듯싶다.

유가철학이 말하는 윤리덕목들의 원천인 공자의 경우, 내성외왕(內聖外王)의 실현을 염두에 두었다. 그는 학문과 도덕계발을 통한 끊임없는 자기인격의 계발과 주위사람들에 대한 연민과 관심 속에 대동(大同) 사회를 실현하고자 했다. 특히 유기체적 공동체 안에서의 '공공의 선'을 실현해 내기 위하여 개인적 '사심'을 극복해야 한다는 '덕'의 윤리를 높이 평가했다.[4]

그러고 보면, 우리가 칭송해 마지 않는 사사로움(私)의 극복,[5] 자기

3) 김수중, '原始儒家의 德目들과 道德原理' *이 자료는 인터넷 cafe.naver.com/dolover.cafe에서 인용하였음.

4) 송영배, '세계화 시대의 유교적 윤리관의 의미' *이 자료는 인터넷 www.cham.or.kr/bbs/에서 인용하였음.

5) 사사로움의 극복은 '公平無私'를 비롯하여 克己復禮, 非禮勿視 非禮勿聽 非禮勿言 非禮勿動 등으로 표현된다.

노력을 강조하는 성(誠)의 덕목[6] 등은 대부분 유교적 뿌리를 가진다. 아시아적 가치관이 말하는 덕스러움의 뜻을 깊이 생각해 보아야 할 이유들이다.

서양적 관점에서 볼 때

덕에 대한 관심은 말 그대로 동서고금(東西古今)을 넘어선다. 서양철학의 샘이라 할 그리스 철학자들에게서 덕에 관한 이야기는 윤리학의 중요한 단초였다. 예를 들어 보자. 소크라테스가 이렇게 말했다고 한다. '사는 것이 중요한 것이 아니다. 잘 사는 것이 중요하다.' 그리고 '삶은 죽음의 연습이다.' 잘 산다는 것과 잘 죽는다는 것의 의미론적 단초가 여기에 다 들어 있는 것 같다. 그리스 철학자들이 생각하는 '잘 산다'는 것은 요즘의 웰빙문화와는 다를 수 있지만, 웰빙, 웰엔딩 시대의 명제인 잘 살고 잘 죽는 것에 대한 생각을 정리하는 데 상당한 도움이 될 듯싶다.

물론, 우리말에도 '잘 한다'는 표현이 있기는 하다. 특히 '잘'이라는 말이 중요하다. 아마도 능숙함이나 탁월함을 뜻하는 것일 가능성이 크다. 예를 들어 '그 사람은 영어를 잘 해'라고 하는 경우에 영어에 익숙하고 능통하다는 뜻이 된다.

그런가하면, '그 사람, 나한테 참 잘 해'라고 하는 경우에는 친절하고 따듯하게 대해 주거나 마음을 써 준다는 뜻으로 옮길 수 있겠다. 또는 판소리에서도 추임새로 '잘 한다'고 하기도 한다. 응원과 격려의 소리일 것

6) 『中庸』20章, 誠者天之道也 思誠者人之道也, 『孟子』離婁 등을 예로 들 수 있겠다.

같다. 어쨌든, '잘 한다'는 말은 긍정적인 의미를 가진다. '권장할 만한', '칭찬할 만한', '좋은 느낌을 주는', '능숙한 기능을 가진' 등등의 뜻이 그것이다.

소크라테스의 '잘 산다'는 말에 담은 뜻도 비슷한 면이 있다. 소유가 넉넉해서 잘 산다는 뜻은 아닐 것이다. 인간답게 사는 것, 또는 바람직한 삶을 사는 것, 그리고 권장할 만한 삶을 사는 것을 의미한다. 아리스토텔레스는 잘 산다는 것의 의미를 윤리학적 관점에서 풀이하고자 했다.

그에 따르면, 잘 산다는 것은 탁월성을 뜻한다. 인간의 고유한 기능을 탁월하게 발휘하는 것을 말한다. 이성적 존재로서, 사려 깊은 행동을 하고 진리를 관조(觀照)하는 등 이성의 기능을 탁월하게 발휘하는 것, 그것을 '덕'(virtue)이라는 말로 표현했다. 그에게 있어서, 덕이란 행복하고자 하는 존재로서의 인간을 행복에 이르게 하는 능력이다. 이성적 능력을 최대한 발휘하는 것이야말로 행복에 이르는 길이라는 생각인 셈이다.

어찌 그리스 철학자들만 덕에 관해 생각했겠는가만, 적어도 그들이 서양적 '덕'의 원형을 보여 준다는 점에서 유의할만한 대목이다. 그들에게 있어서 덕이란 일종의 능력이요, 특별히 도덕적 의미를 지닌 것으로서, 행복에 이르는 길을 뜻한다.

그들에 따르면, 덕이란 태어날 때부터 주어지지 않는다. 도덕적 훈련을 거쳐 성숙되고 구비되어야 하는 도덕능력이다. 그리고 덕은 행위의 뿌리가 되는 내면적 성품과 연관된다. 인격이니 성품이니 하는 용어들은 결국 사람 됨됨이에 관한 성찰을 유발한다. 결과적으로 덕스러움이라는 것은 '사람 됨됨이'의 가치를 담고 있다는 뜻이 아닐까.

성경번역으로 본다면

정말 특이한 것은, 한글성경에 '덕을 세우다'가 등장한다는 점이다. 뭐 그렇게 특이한 것이냐고 반문할지 모르겠다. 우리말로 번역된 이 말은 헬라어에서 말하는 윤리적 의미의 덕이 아니라는 것, 그 사실을 아는 순간 생각이 달라질 것이다. 앞으로 자세한 이야기를 하겠지만, '덕'(virtue)이라는 말이 아닌 '세움'(edification)을 '덕스럽게 하다', '덕을 세우다'로 번역했다는 점, 그것이 특이하다는 이야기다.

어찌 보면, 바울서신 번역에 사용된 '덕을 세우다'는 '덕'과 '세우다'의 합성어라 할 수 있다. 일종의 창의적 번역일 수 있다는 생각이 든다. 한국교회에서 '은혜롭게 하자' 혹은 '건덕상 문제'(建德上 問題) 등등의 용어가 일상적으로 통용되는 것은 이러한 배경에서 이해되어야 한다.

번역은 제2의 창작이라고들 한다. 하지만, 번역 과정에 주께서 영감을 주신 것이라 한다면 이 또한 놀라운 일 아닌가. '세움'을 '덕'이라 옮겼으니 말이다. '덕을 세우다'의 번역에 아시아적 가치관을 포함한 여러 요소들이 복합적으로 얽혀 있는 셈이다.

이쯤 해서, 한국교회에 미친 유교윤리의 영향을 생각해 보아야 할 듯싶다. 대개, 유교윤리는 부정적 혹은 소극적 의미로 평가되는 경향이 있다. 이를테면, 가부장적 권위주의나 사회문제에 대한 보수적 입장을 견지하는 이유를 유교의 영향이라고 말하는 경우가 그렇다. 심한 경우에는 한국교회가 유교적 배경과 연계되어 기독교의 본래적 윤리의식을 생략 또는 상실했다는 의견이 나오기도 한다.

비록 형식적으로는 유교를 버리고 비하시켰지만 내용적으로는 유교윤리를 폭넓게 수용하여 전근대적 유교윤리로 옷을 바꾸어 입음으로써 윤리적 퇴행이 일어났다는 주장이 그것이다.[7] 이건 아마도 한국교회의 겸허한 자기반성을 촉구하고 유교적 영향 가운데 부정적인 요소들을 극복하자는 취지가 아닐까 싶다.

하지만 문제는 그리 간단하지 않다. 유교윤리에 대한 평가는 현대윤리학에서 새로운 국면을 맞이하고 있다. 예를 들어, 지구촌윤리나 공동체윤리에 관한 논의에서 서구사회는 아시아적 가치관에 새로운 관심을 표명한다. 그리고 유가철학의 가치를 재발견해야 한다면서 부산을 떨고 있다. 이에 자극을 받은 유가철학자들의 활동 역시 만만치 않다.

특히 현대 영미철학에서 논의되는 덕의 윤리와 연관 지어, 유가철학의 덕 개념이 새롭게 조명되고 있다. 어찌 보면, '덕을 세우다'에 대한 한국교회의 관심들은 유교의 영향에서 완전히 자유로울 수 없을지 모른다. 유교의 윤리를 옹호하자는 뜻이 아니다. 바울서신에서 '덕을 세우다'의 배경이 그렇다는 뜻이다. 아시아적 가치관의 바탕이 되어 '덕을 세우다'의 번역을 자연스럽게 받아들인 측면이 있다는 생각이다.

문제는 유교의 영향이 어느 정도인가 하는 데 있지 않다. '어떤 덕인가?' 하는 점이 문제인 셈이다. 바울서신의 번역어로 사용된 덕은 분명 유가철학의 그것일 수 없다. 그것은 근본적으로 공로주의적 색채를 배제한다. 제아무리 '좋은 사람', 사사로움이 없고 성실하여 덕스러운 사람이

---

7) 박충구, '한국 기독교의 윤리성향에 대한 비판적 고찰' * www.mtsethhics.org./db/analytics/hwp.에서 인용하였음

라 해도 복음의 사람이 아니라면, 바울이 말하는 덕스러움의 범주에 결코 들지 못한다. 은혜에 의한 덕, 복음에 기초한 덕스러움을 말해야 하는 이유가 여기 있다.

덕의 왜곡을 경계한다

안타까운 것은 '덕을 세우다'의 표현이 부정적으로 사용되거나 평가되는 경우가 많다는 점이다. 대부분 우리나라 교단이 채택하고 있는 교회헌법에 '건덕'(建德)이라는 명사형이 사용된다. 그것도 소극적 혹은 부정적 용례인 경우가 대부분이다. 물론, 항존직의 사명에 교회에 덕을 세우는 일을 명기해 둔 부분도 있기는 하다.

하지만 그것 역시 적극적 의무를 말하는 것이라기보다 그와 반대되는 일이기 쉽다. '건덕상' 문제가 되면 안 된다는 이미지를 강하게 담고 있는 것만 같다. 항존직 직분을 선출할 때, 건덕상 문제가 없어야 한다고 말하는 경우는 더욱 그렇다.

이것을 굳이 풀이하여 말하자면, 덕스럽지 못한 일들을 하는 경우에는 결격사유가 된다는 뜻이기 쉽다. '문제'를 전제하고 사용되는 경우가 그렇지 않은 것보다 더 많은 듯싶다. '건덕상~'이라는 용어가 나오면 징계나 훈계를 위한 수식어로 인식되기도 한다. 적극적인 관점에서 '덕'을 말할 수 있다면, 그것이 바람직할 것 같다. '건덕상~'이라는 표현은 누군가를 문제 삼기 위한 명분이어서는 곤란하다. 교회를 훈훈하게 하고 소망을 심어 주는 밝은 용법으로 사용될 수 있기를 기대해 본다.

또 하나의 아쉬움은 '덕스럽게 하자', '은혜롭게 하자'가 오해받고 있다는 점이다. 적당한 타협과 권위주의적 체제온존을 추구하는 사람들의 시대착오적 요청으로 치부되기 쉽다. 와전되고 왜곡되는 것 자체가 문제라면 문제인 셈이다. 하지만 잘 생각해 보라. 현대사회의 윤리문제를 다루는 전문가들도 덕의 전통을 재조명하고 있지 않은가. 덕의 윤리가 재건 혹은 회복되어야 한다고 말하는 것까지 보수적이라 해야 하는가.

덕은 결코 시대착오적인 것이 아니다. 보수적인 가치관을 대변하는 것으로 오해되어서도 안 된다. 덕은 긍정적 의미에서 도덕적 '이상'을 보여 주고 바람직한 도덕의 방향을 제시하는 것이어야 마땅하다. 말하자면, '덕스러운 사람'이 되고 '공동체에 덕을 세우는 일'은 과거회귀적 '보수반동'일 수 없다. 그것은 오늘의 시대에 회복되어야 할 그리운 가치이다. 인간다움을 말할 때 아쉬워 보이는 특성들을 채워 주는 그 무엇이어야 하리라.

분명, 덕을 말하는 것 자체는 아름다운 일이어야 한다. '덕' 때문에 개혁적 가치가 빛이 바래고 시민의식에 손상이 가는 경우라면, 그것이야말로 덕스럽지 못한 것 아닐까. 덕스러운 사람, 덕스러운 사회를 만드는 일은 지나간 과거의 아젠다로 제한되어서는 안 된다. 덕스럽지 못한 모습들을 바로잡는 일 또한 덕스러움의 목록에 포함되어야 마땅하리라.

만일, 교회에 덕스럽지 못한 일들이 넘쳐난다면, 그것은 성경번역의 착오가 아니라 교회의 덕 윤리에 문제가 생긴 것이라 보아야 마땅하다. 덕을 세우는 일들이 보이지 않는다고 해서 '덕을 세우다'의 번역이 적절하지 않은 것이라 생각하는 것은 넌센스이다. 번역의 수정으로 해결될 일이 아니라 오히려 덕의 참모습을 구현하는 노력이 필요하다고 해야 옳다.

어쩌면, 한글성경에서 '덕'을 '세우다'와 맞물리게 한 것 자체로 의미가 있다. 개인의 성품으로서, 덕스러운 사람이 되어야 한다는 생각을 담고 있다. 그리고 공동체의 윤리적 과제로, 덕을 세우는 노력이 필요하다는 뜻을 담고 있는 것이기도 하다. 바라기는, 우리의 교회에 복음이 말하는 덕스러움의 참뜻이 회복되어야 하겠다. 그리고 성숙한 교회윤리를 구현하는 노력이 많아졌으면 좋겠다. 이것이야말로 교회의 윤리적 가능성을 위한 단초가 되리라 확신해 본다.

긍휼은 심판을 이기느니라 (약2:13)

덕스러움의 향수, '덕의 윤리'가 되다

맥킨타이어, 덕의 윤리를 말하다

'덕'을 그리워하고 덕스러움을 아쉬워하는 마음은 낭만적 감성이나 추억으로 그치지 않는다. 이내 하나의 윤리이론으로 발전했다. 그것도 작은 목소리에 그치지 않고 현대 영미철학계의 중요한 이슈로 급부상한다. 과감하게도, 현대사회에서 덕의 중요성과 그 전통 회복의 필요성을 말한 사람들이 있다. 그들이 제안한 이론을 가리켜 '덕의 윤리'(ethic of virtue)라 부른다.

공교롭게도 이것은 현대사회의 주축으로 자리잡은 '의무의 윤리'(ethic of duty)에 맞서는 라이벌로 인식되기 시작했다. 덕의 윤리가 '공동체주의'를 표방하는 것이라 한다면, '자유주의'를 배경으로 삼는 의무의 윤리는 그 배경과 표방하는 것들이 덕의 윤리와 상충되는 특성들을 지닌 것처럼 보인다.

이 과정에 등장한 논쟁이 하나 있다. '자유주의 – 공동체주의' 논쟁이 그것이다. 그런데, 의외로 그 파급효과가 크다. 분배정의를 둘러싼 철학자들의 논쟁을 비롯하여 정치학에서, 경제학에서 심지어 기독교윤리학에서 커다란 반향을 낳았다. 여전히 현재진행형이다.

그렇다면, 묻고 싶다. 시민사회에서 공동체적 가치관을 말하는 것은 의미가 있는가? 덕의 윤리는 현대인에게 무엇을 요구하는가? 덕의 윤리는 과연 개인의 자유와 비판적 합리성을 내세운 자유주의적 윤리를 맞설 수 있는 것인가?

이 모든 질문에 답하기 위해, '덕의 윤리란 무엇인가?'에 대한 성찰이 필요하다. 덕의 윤리가 어떤 배경에서 어떤 문제의식을 가지고 무엇을 향하고 있는가 하는 점, 그것을 아는 것 자체가 현대 윤리학의 주요 이슈를 파악하는 열쇠이다. 아마도 이 책을 들고 계신 독자 여러분에게 꼭 필요한 절차가 아닐까 싶다.

덕의 윤리적 중요성과 그 전통의 회복에 대한 이야기를 이끄는 학자는 미국 듀크대학 철학과 교수인 맥킨타이어(Alasdaire MacIntyre)이다. 그의 제안은 이제까지의 윤리학적 사유에 대한 포괄적인 반성을 촉구한다. 아울러 윤리의 새로운 방향설정이라는 부담스럽기도 하고 너무 커 보이는 과제를 던져 주었다.

대표적 저술, 『덕의 상실』(*After Virtue*)에서 맥킨타이어는 현대사회를 윤리적 위기라고 전제한다. 그가 보기에 현대사회는 갈기갈기 찢겨 파편처럼 부서진 사회이며, 절대적 도덕은 무너졌다. 도덕적 허무와 무정부 상태로 치닫는 극단적 개인주의, 상대주의 등. 맥킨타이어가 오늘의 정황을 윤리적 위기라고 진단한 이유가 여기 있다.

그는 현대사회의 윤리적 위기에 대한 진단에서 가치다원화의 세계 혹은 통약불가능한 상대주의적 가치관에 주목한다. 그리고 칸트(I. Kant)의 윤리를 문제 삼는다. 칸트의 의무론적 윤리에서 비롯한 '계몽주의적 기획'이 오늘날 윤리적 위기의 원인이라는 것이다.[1] 뜬금없이 칸트를 몰아세우는 이유가 무엇이냐고 묻는 독자들이 계실 듯싶다. 서양철학의 가장 자랑스럽고 가장 어려운 철학자 칸트가 왜 문제시되어야 하는가 하고 말이다.

여기에서 맥킨타이어가 사용한 용어, 계몽주의적 기획이라는 말에 유의할 필요가 있다. 그것은 아리스토텔레스의 윤리학에 대한 일종의 반향으로 인식된다. 행복을 추구하는 덕스러운 인간이라는 요소를 배제한 것, 그것이 문제라는 것이다. 특히 칸트처럼 도덕의 보편적 합리화를 추구하려는 시도가 오늘날 윤리적 위기의 원인이 되고 말았다는 주장이다.

맥킨타이어가 보기에, 현대사회가 직면한 도덕적 통약불가능성의 원인은 아리스토텔레스에서 비롯된 덕의 윤리를 포기하고 의무의 윤리를 수용한 데 있다. 칸트처럼 선의지 그 자체만이 절대적으로 선하다고 주장하며 '보편화 가능성'을 요구하는 것은 결과적으로 윤리적 형식주의에 흘렀다. 도덕을 개인의 자의적 선택으로 축소해 버리는 결과를 낳았다는 것이다. 공동체적 배경과 서사적 전통을 버린 추상적 존재로서의 자아

1) A. MacIntyre, *After Virtue,* 2nd ed., (Univ. of Notre Dame Press, 1984), pp. 1–13

인식 및 개인의 강조는 결국 상대주의 내지는 허무주의에 이르게 될 것이라는 뜻이다.

그래서인지, 맥킨타이어는 계몽주의적 기획을 추종하여 니체적 허무주의에 귀착할 것인가 혹은 계몽주의적 기획을 넘어 아리스토텔레스적 덕의 윤리를 회복할 것인가를 묻는다. 두말할 필요도 없이, 덕 윤리의 회복이 그의 제안인 것은 분명하다. 아울러 자신의 제안에 상당한 반향이 있을 것이라는 추측 또한 했을 것이다. 실제로 그의 주장은 영미철학계에 커다란 반향을 불러 일으켰다. 여러 비평과 논박에 시달리기도 했다. 비아냥거리듯 비평자들 중에는『맥킨타이어의 상실』(*After MacIntyre*)이라는 제목의 책을 펴내『덕의 상실』(*After Virtue*)을 아쉬워했던 맥킨타이어를 논박했다.[2)]

반면, 그의 탁견에 찬사를 보내며 덕의 전통에 대한 새로운 발견에 가담하는 학자그룹이 생겨나기도 했다. 공동체주의자들이라 불리는 윤리학자와 정치, 사회학자들이 여기에 포함된다. 이들 두 그룹 사이에 벌어진 논쟁을 '자유주의 – 공동체주의 논쟁'이라 부른다.

무엇을 말하려 했는가?

우리는 지금 '자유주의 – 공동체주의 논쟁'을 묘사하고픈 마음이

2) 이 책은 J. Horton과 S. Mendus의 편집으로 출판(Polity Press., 1994)되었으며 맥킨타이어의 주장에 대한 비판적인 의견들을 수록하고 있다.

없다. 우리의 관심은 이미 현대사회에서 덕의 전통을 회복하고 공동체윤리를 세워야 한다고 주장하는 '덕의 윤리' 에 속해 있다. 그런 탓에, 자유주의와 공동체주의 사이의 전문적인 학술적 논쟁을 묘사하는 것보다 공동체주의 혹은 덕의 윤리가 무엇을 말하려 했는지 윤곽을 살펴보는 것이 우선이다.

과연 덕의 윤리란 무엇이며, 그들이 말하는 공동체주의란 어떤 특징을 지니고 있는가? 이 질문에 대한 답을 찾는 과정에서 자연스레 의무의 윤리와 자유주의가 무엇을 추구하고 있는지를 짐작할 수 있으리라 기대해 본다.

그의 윤리적 문제의식 전체를 속속들이 공부할 필요는 없겠지만, 맥킨타이어가 무엇을 말하려 했는지 살펴보면 좀 더 쉬워진다. 그는 현대윤리학에 하나의 굵은 흐름을 제안해 주었다. 특히 아리스토텔레스에게서 비롯된 서양적 의미의 덕의 전통을 따라 왜 '덕'을 말해야 하고 '덕의 윤리'가 어떤 특징을 지니고 있는 것인지 심도 있게 재평가한다. 그리고 '공동체주의'를 구상한다. 이런 생각들을 추적해 가노라면, 맥킨타이어의 관점이 구체적으로 무엇인지, 그것이 현대사회에서 어떤 의의를 지니고 있는지 알 수 있을 듯싶다.

일반적으로, 덕 윤리에 대한 찬반논변에서 가장 앞에 오는 것은 의무론과 덕의 윤리 각각의 한계에 관한 토론이다. 덕의 윤리는 계몽주의시대 이래로 지배적인 자리를 차지해 온 칸트의 윤리설, 그리고 공리주의와 대조를 이룬다. 덕의 윤리는 정해진 규범과 행위지침을 준수할 것인가의 문제(What ought I to do?)가 아니라 어떠한 존재가 될 것인가의 문제(What ought

I to be?)를 다루기 때문이다.[3] 행위에 대한 평가를 중심으로 하는 접근법과는 다르다. 그래서, 행위자 중심의 윤리라고 부르기도 한다. 행위를 규정하는 규칙체계에 대한 관심보다 덕스러운 자가 되기 위한 성품과 인격에 초점을 맞춘다는 뜻이다.

특별히 주목할 부분은 맥킨타이어의 윤리개념이다. 그의 관점은 의무 중심 윤리관에 대한 비판을 통해 도덕의 본질을 규명하고 본래적 맥락을 되찾자는 주장이다. 실제로, 칸트 이후 대부분의 도덕철학자들은 도덕적 덕목을 의무나 금지의 사항에로 환원하려는 경향을 보인다. 하지만 의무론이 제시하는 범주들이 우리의 도덕현실과 도덕경험을 모두 포괄하기에 충분한 것인가 생각해 보면, 턱없이 부족하다.[4]

맥킨타이어에 따르면, 윤리학이란 이성의 추상적인 영역에 갇혀 있지 않다. 사회적 관행, 삶의 설화적 질서(narrative order), 도덕적 전통 등 다층적 역사성을 배경으로 한다. 덕의 윤리가 그 조건에 들어맞는다. 예를 들어, 정의, 용기, 정직, 인내, 성실, 자선, 순결, 애국심과 같은 구체적인 실천덕목은 물론이고 심사숙고 혹은 사려깊음(phronesis)과 같은 지적인 덕목들도 그 목록에 넣을 수 있겠다.

물론 의무의 윤리를 도식적으로 설명하거나 비판할 수는 없다. 굳이 말하자면, 맥킨타이어의 문제의식은 이런 것이다. 도덕적 덕목들을 의무사항이나 금지사항으로 환원하려는 의무의 윤리는 '반드시 행해야 하는 의무'와 '그렇지 않은 것'을 구분하고 도덕성이라는 것을 의무의 수준

3) E. LeRoy. Long, Jr. *A Survey of Recent Christian Ethics*., (N.Y.: Oxford Univ. Press, 1982), p. 103

4) 황경식, '덕의 윤리에 대한 찬반논변', 김영철 외, 『현대사회와 윤리』(서광사, 1989), 167 – 209면

에 머물게 한다는 것이다.

그렇다면, 의무가 규정하는 것 이상의 행위들은 과연 어떻게 설명할 것인가? 이를테면, 성인(saints) 혹은 영웅들이 보여 주는 의무 그 이상의 행위에 대한 설명이 궁색해지는 것은 아닌가? 이와 달리, 덕의 윤리는 의무 그 이상의 덕성 함양을 도덕의 본질로 상정한다. 행위자의 성격유형, 삶의 스타일(life-style), 동기, 사람 됨됨이 등 예측가능한 요소들을 윤리의 중심문제로 다루고 있는 셈이다.

물론, 덕의 윤리가 절대적으로 완벽한 것은 아니다. 덕의 윤리에도 한계는 있다. 이를테면 도덕적 불확정성 같은 경우가 그렇다. 이에 대해 덕 윤리학자들 나름으로 반론을 줄 수는 있다. 덕의 윤리는 사회법규와 차별성을 지닌다는 대답도 그 중 하나가 될 수 있겠다.

어쨌거나, 중요한 것은 덕의 윤리가 현대사회의 윤리적 문제들에 대한 나름의 대안으로 떠오르고 있다는 점이다. 도덕의 지평을 의무에 한정짓기보다 행위자의 인격과 성품에 대한 관심으로 설명하자는 접근법에 있어서 특히 그렇다.

덕 윤리의 배경, '공동체주의'

덕의 윤리에 대한 이해에서 놓쳐서는 안 되는 또 하나의 포인트가 있다. 공동체주의를 따르자는 것. 정말 중요한 통찰이다. 이것은 어찌 보면, 현대사회에서 덕의 윤리를 재론하는 것이 과연 어느 정도나 타당한가를 묻는 질문과 연계된다. 덕 윤리의 수용에 관련된 사회구조의 문제에 대한 이야기인 셈이다.

이러한 뜻에서, 맥킨타이어의 문제제기는 덕의 윤리를 현대 윤리학의 또 하나 새로운 흐름으로 제안하는 것이 아니다. 혹은 덕의 전통을 재론하자는 데 그치지 않는다. 오히려 현대사회가 추종하는 민주주의 사회이념에 대한 도덕적 성찰의 요구이다.[5)]

그의 사회관을 살펴보면 이해가 쉬워진다. 맥킨타이어는 현대사회와 문화를 쾌락주의자들이 복잡하게 모이고 흩어지는 '균열된 사회'로 보았다. 또는 무정부 상태와 같은 개인주의와 가치조작의 위험에 노출된 관료적 사회라는 것이다. 이어서 현대사회의 도덕적 위기의 원인에 관한 분석이 따라온다. 현대사회가 안고 있는 윤리적 위기의 원인이 공동체성의 포기 혹은 지나친 자유주의에 있다는 것이 그 요점이다.

이성적 자유의 만끽은 자칫 개인주의와 상대주의로 흐르기 쉽고 가치상대주의는 도덕적 공통점을 찾기 어려운 혼란으로 치닫는다는 이야기로 들린다. 사실, 현대사회의 고질적인 개인주의와 상대주의 문제는 그리 간단하지 않다. 제아무리 포스트모던의 이름으로 치장하여 다원성이라 말한다 하더라도 도덕적 합의와 갈등의 해소를 기대하기 어려운 측면이 없지 않다.

여기까지는 좋다. 문제는 도덕적 위기의 극복을 위해 제시한 덕 윤리가 과연 적절한 대안인가 하는 점이다. 현대사회에서 덕 윤리를 수용하

5) J. B. Schneewind, "Virtue, Narrative and community: MacIntyre and Morality" in *The Journal of Philosophy*, Vol. 79. p.654

기 위해서는 사회질서를 재편해야 한다는 어려운 문제가 남는다. 혹은 덕의 윤리를 오늘날과 같은 가치다원화 사회에 적용하기에는 현실적인 난점이 있다.

아리스토텔레스의 덕 윤리는 '폴리스'라는 소규모 친밀성의 공동체를 배경으로 삼았고 도덕적 합의가 비교적 쉽게 이루어질 수 있었다. 하지만 안면도 없고 가치관의 불일치가 심각한 현대 사회에 덕의 윤리를 적용하려는 것은 현실적으로 어색한 면이 없지 않다.[6)]

아마도 맥킨타이어는 덕 윤리가 적용될 수 있는 사회구조를 암시하는 정도에 그치는 것 아닐까 싶다. 그의 주된 관심은 적극적인 대안을 제시하는 것이라기보다 비판적 안목에서의 현대사회를 도덕적으로 평가한 것이라 보아야 하지 않을까. 솔직히, 맥킨타이어는 근세 이후 의무의 윤리설이 지닌 문제점을 파악하기는 했지만 그것을 대체할 만한 진정한 대안을 제시하지 못한 것으로 평가되기도 한다.[7)]

어쩌면, 의무의 윤리와 덕의 윤리는 상호보완이 필요한 파트너일지도 모르겠다. 자유주의-공동체주의의 논쟁만 보아도 쉽게 짐작할 수 있는 부분이다. 무엇이든 단순화하는 것은 옳지 않아 보이지만, 전체 지형도를 본다는 점에서 공동체주의를 요약하면 이렇다.

공동체주의자들은 자유주의가 공동체를 경시함으로써 인간의 가치 있는 삶에서 중요요소인 공동체를 손상시킨다고 본다. 또한 자유주의는 정치적 결합이 도구적인 가치만을 지닌다고 과소평가함으로써 정치

---

6) B. Louden, "On Some Vices of Virtue Ethics". in *American Philosophical Quarterly*, Vol. 21 pp. 227–235

7) 황경식. 같은 글 참조.

적 공동체에의 참여가 인간의 가치 있는 삶에 기여하는 중요성을 망각했다고 지적한다.

더구나 자유주의는 개인적 계약이나 선택의 결과가 아닌 가족에 대한 의무 및 국가와 공동체에 대한 헌신에 관해 적절한 설명을 제시할 수 없다. 혹은 그러한 설명과 양립할 수 없다. 나아가 자유주의는 개인적 자아가 선택의 대상이라기보다 공동체적 삶과 가치를 수용함으로써 형성된다는 점을 간과한다. 그리고 자유주의가 최고의 가치로 내세우는 정의(正義)는 공동체의 유지에 있어서 교정적 '덕목'에 해당한다는 점을 인식하지 못하는 것 역시 여러 한계들 중 하나이다.[8)]

반면에 자유주의자들 나름의 문제의식 역시 충분히 공감되는 부분이 있다. 그들은 전근대적 불합리성을 타파하기 위하여 개인의 자유와 권리를 우선시한다. 그들은 자유로운 개인들 사이에 권리의 충돌이 생길 경우, 이를 자율적으로 조정하고 통제할 수 있는 능력이 인간에게 구비되어 있다는 신념을 가진다.

긍정적으로, 개인의 권리와 자유를 존중하는 자유주의적 윤리는 시민사회의 근간이라 할 수 있다. 오늘날의 시민윤리가 요구하는 합리성, 공정성, 투명성, 공공성에 대한 요구들이 자유주의의 산물이라는 점에서 보면 그들의 관점에 매우 큰 장점이 내재되어 있는 것이 사실이다. 하지만 자유주의가 개인주의로 흐르거나 탈맥락적이고 탈공동체적인 요소와 결합될 때, 윤리적 위기감은 고조될 수 있다. 전통의 상실, 가치관의 왜곡, 그리고 도덕적 혼란과 같은 용어들이 사용되는 대목이 여기다. 바로 이것

8) 이 부분은 박정순의 서평 〈철학과 현실〉 (1991, 가을), 344 – 345면을 참고하였음.

이 공동체주의자들이 유독 문제 삼는 부분이다.

분배정의에 관한 예를 들어 보자. 공동체주의 혹은 덕의 윤리에서는 롤즈(J. Rawls)와 같은 합리성에 대한 신뢰와는 전혀 다른 방식을 제안한다. 특히 '어떤 공동체를 구성하고자 하는가?' 라는 질문에서부터 시작해야 한다고 주장한다. 모든 사람이 실천적으로 동의할 수 있는 공동선은 어떤 것인가를 물어야 한다는 것이다. 이를 위해서는 공동선에 대한 인식이 필요할 것이다. 이를 토대로 개별적 과제와 책임이 공동선에 대한 공적에 따라 평가되고 보상되어야 한다는 것이다.[9)]

맥킨타이어의 책 제목에서 엿볼 수 있듯, 『누구의 정의? 어떤 합리성?』(*Whose Justice, Which Rationality?*)을 물어야 할 듯싶다. 합리적 개인들이 동의할 수 있는 정의는 무엇인가를 묻는 것이 아니라 '우리는 어떤 인간이기를 바라는가?'를 묻는 것이기 때문이다. 그것은 곧 공동체적 맥락을 배경으로 정의의 문제를 공적과 기여도에 따라 논의해야 한다는 주장이다.

또 한 가지, 오해를 풀어야 할 부분이 있다. 시민사회가 요구하는 민주성, 공공성, 투명성과 같은 도덕요건은 의무의 윤리를 통해서만 구현될 수 있는 것이 아니라는 점이다. 덕의 윤리와 공동체주의에서도 투명성과 공공성에 대한 논의는 여전히 의미 있는 주제이며 공동체의 윤리적 성숙을 위한 필수요소이다.

다른 말로 하자면, 공동체주의자들 역시 공공성과 투명성을 비롯한 사회적 책임에 대한 윤리적 문제의식을 공유하고 있다는 점은 분명하다. 방법이 다를 뿐이다. 이러한 뜻에서, 공공성과 투명성을 비롯한 사회

9) 이진우, '공동체주의의 철학적 변형' 〈철학〉 42집(1998 봄), 243－271면

윤리적 가치들이 굳이 시민의 이름으로만 가능한 것들이 아니라는 점, 그리고 공동체의 윤리적 성숙을 통해서도 구현할 수 있는 가능성이 얼마든지 있다는 점이 생략되어서는 곤란하다.

어쨌든, 의무의 윤리에서도 덕 윤리에 대한 반론은 충분히 제기할 수 있다는 점에서, 어느 한쪽을 편들기는 쉽지 않아 보인다. 현재의 추세는 맥킨타이어의 덕의 윤리를 비롯한 공동체주의가 자유주의적 개인주의에 대한 실현가능한 대안인가 하는 점에 심각한 회의가 제기되고 있는 흐름을 보인다. 특히 덕의 윤리의 부활을 위해 현대사회를 버리고 아리스토텔레스적인 공동체주의를 지향하여 복고적이고 보수적인 사회로 회귀해야 하는가의 문제는 여전히 열린 논제로 남아 있다.

그럼에도 불구하고, 이 책은 덕의 가치에 대해, 덕의 전통에 대해, 그 회복과 바른 구현을 위한 관심을 버릴 수 없다. 맥킨타이어를 위시한 공동체주의자들이 그렇게 말해서도 아니고 새로운 학문적 관심사라는 이유도 아니다. 교회를 위한 관심이다.

두 가지로 생각해볼 수 있겠다. 하나는 시민사회에서 비판과 안티에 내몰리고 있는 교회를 바로 세우기 위한 공동체윤리의 가능성을 찾아야 하겠다는 것이다. 다른 하나는, 시민사회가 덕의 윤리를 수용할 수 없는 사회구조라고 한다면 교회야말로 가장 적절한 덕 윤리의 현장일 수 있다는 생각이다. 교회를 탁월한 덕성 함양의 공동체로 성숙시키고 시민사회를 위한 대안이 되게 하자는, 조금은 야무진 의도가 작용하고 있는 셈이다.

덕스러움에 대한 기독교적 관심

어쨌든, 우리가 살펴본 덕의 윤리에 대한 개괄적인 묘사는 충분한 교훈 혹은 통찰을 담고 있다. 단순히 아리스토텔레스적인 논의를 재론하고 현대사회에 그 정신을 적용하려는 시도에 그치지 않는다. 더구나 보수주의적 시도라고 몰아세울 수만은 없는 심각성을 지니고 있다. 윤리의 지평에 대한 재발견, 공동체적 배경에 관한 강조 등은 현대 윤리학이 귀담아 들어야 할 부분임에 틀림없다.

무엇보다도 현대사회에 있어서 덕의 윤리를 새삼스럽게 논의하는 것을 시대착오적인 발상이라고 몰아세워서는 안 된다. 여전히 찬반논변이 진행 중인 덕의 윤리와 관련된 다양한 주제들에 대한 포괄적인 결말을 성급하게 기대하기보다 현대사회의 윤리적 과제설정과 대안의 모색에 관심을 가져야 할 것 같다.

주목할 것이 하나 더 있다. 덕의 윤리가 영미철학자들만의 전유물이 아니라는 점이다. 흥미롭게도, 공동체주의 혹은 덕의 윤리에 관한 논의에 현대 기독교윤리학자들의 관심이 포함되어 있다. 여기에 중요한 의미가 있어 보인다. 현대사회의 윤리적 위기에 대한 바른 인식과 대안의 모색을 위한 노력에 기독교가 기여할 수 있다는 희망을 담고 있기 때문이다. 오늘처럼 교회가 비판과 안티에 내몰리고 있는 상황에서, 교회의 복음적 정체성과 공동체적 성숙을 위한 노력이 절실하다는 점에서, 진지하고도 깊이 있는 참여가 필요한 대목이다.

우리의 관심은 분명하다. 덕스러움과 공동체윤리를 교회에서 구현하자는 것이다. 그것은 성경이 말하는 덕의 전통, 즉 '덕을 세우다', '덕스럽게 하자', '은혜롭게 하자'는 교훈들의 윤리적 의의와 비전을 교회 안에서 바르게 실천해 보자는 뜻이다. 솔직히, 기독교윤리의 이론이 부족해서 교회가 시민적 비판에 직면한 것은 아니다. 교회 안에 시민사회의 문제들에 대한 전문가도 많이 있고 신학적 관점에서 윤리문제를 다루는 학자들 역시 부족하지는 않다. 문제는 관점이다.

기독교윤리가 의무의 윤리, 즉 시민사회와 시민의식 각성의 배경이 되고 있는 자유주의적 윤리에 젖어서는 곤란하다. 혹은 그것만으로는 부족하다. 비난과 비판과 정죄와 심판의 윤리로는 윤리적 성숙을 기약할 수 없다. 그것은 자칫 윤리의 이름으로, 시민의 이름으로, 교회를 시민적 비판의 대상으로 내몰 수 있다. 교회에 대한 반감과 안티를 부추기는 결과를 낳을지도 모른다.

우리가 이 책을 통해 '덕'에 주목하는 이유는 '세우는' 윤리를 모색하기 위함이다. 물론, 교회의 윤리적 문제들을 질타하고 비난하는 것도 의의가 없지는 않다. 하지만 그것이 전부는 아니지 않은가. 더욱이 대안을 주지 못하는 비판만으로는 교회의 윤리적 성숙을 기대할 수 없지 않겠는가. 결국, 덕의 윤리에 대한 관심은 바른 윤리를 위한 노력을 대변한다고 하겠다. 특히 성경이 말하는 '덕'의 참뜻을 발견하고 실천하자는 움직임이라 말할 수 있을 듯싶다.

이 책에서 교회가 덕을 세우는 윤리에 관심을 가져야 한다고 말하는 이유는 분명하다. 그것은 한글성경 번역과 덕 윤리를 말하는 현대윤리학자들 사이의 연관성에 대한 지적 호기심 그 이상의 관심이다. 정말 중요한 이유를 놓쳐서는 안 된다. 교회를 교회되게 하고 바른 신앙인을 세워야 한다는 것. 그것이야말로 우리의 최대관심사이며 이 책의 본질적인 목적의식이다. 교회의 윤리적 가능성을 놓치지 말자는 것, 교회의 윤리적 성숙을 말하자는 것, 바로 그것이다.

긍휼은 심판을 이기느니라 (약2:13)

덕, 기독교윤리의 '네러티브'였다

'德', 공로주의인가? 윤리적 전통인가?

'덕스러움'에 대한 관심은 현대 윤리학의 전유물이 아니다. 철학자 맥킨타이어가 덕 윤리의 현대적 재론을 다룰 때, 같은 대학 신학과 교수 하우어워스(Stanley Hauerwas)는 덕 윤리의 현대 기독교적 버전을 제안했다. 도덕철학에서만 아니라 기독교윤리에서도 덕에 대한 관심은 의미 있는 것임을 반증해 주는 대목이다.

하지만 이보다 더 중요한 것을 놓쳐서는 안 된다. 덕스러움의 성품과 공동체윤리에 대한 관심이 기독교윤리의 본래적 네러티브였다는 점이다. 덕에 대한 관심은 기독교윤리의 전통이자 유산이며 오늘의 교회와 신앙인을 위한 윤리적 지침으로 자리잡아 왔다는 점, 그것을 인식하는 것이 중요하다.

덕의 윤리, 잘 생각해 보면 개신교 전통에서 자칫 종교개혁가들이 제기했던 공로주의적 의혹을 받기 쉬운 주제이다. 중세에 두드러졌던 덕에 대한 강조가 공로주의와 연결되기 쉬운 탓이다. 그렇다고 해서 종교개혁자들의 주장을 온통 덕에 대한 거부라고 단정짓는 것은 옳지 않아 보인다.

종교개혁자들이 문제 삼은 것은 '덕'이라는 윤리적 전통이 아니라 그 왜곡이었기 때문이다. 종교개혁은 비성서적인 기독교를 개혁하여 하나님을 하나님 되게 하고(Let God be God) 성서로 돌아가자는 운동이었다. 덕의 윤리에 관해서도 마찬가지다. 덕에 대한 중세적 이해가 바리새적 경향성을 지닌다는 점에 있었던 것은 아닐까.

여기에서, 렘지(P. Ramsey)의 주장에 주목할 필요가 있다. 기독교윤리의 저변에 '바리새주의'의 위험성에 대한 강력한 반론이 흐르고 있다는 생각 말이다.[1] 렘지에 따르면, 선행에 대한 자기주장을 거부하는 태도가 유독 종교개혁자들에게 두드러진다. 실제로, 루터는 아리스토텔레스를 반대했다. 덕이란 치밀하게 계산된 의도를 가지고 인위적으로 훈련된 의로움이라고 보았기 때문이다.[2]

그럼에도 불구하고 우리는 루터 이후 기독교윤리의 관심에서 덕에 관한 논의가 추방된 것이 아니라는 점에 유의해야 한다. 아우구스티누스가 그렇고 토마스 아퀴나스가 그렇고 더구나 현대 기독교윤리학에서

1) P. Ramsey, *Basic Christian Ethics* (The Univ. of Chicago Press, 1980), p. 191

2) *op. cit.*

도 덕의 윤리가 여전히 주목받고 있지 않은가. 종교개혁자들의 관심은 덕에 대한 근본적인 반대라기보다 덕에 대한 공로주의적인 채색에 대한 문제제기였던 것 아닐까? 그들이 거부한 것은 자기 의(自己 義, self-righteousness)이지, 덕스러움 그 자체는 아니라는 뜻에서 말이다.

초대교회와 바울에 있어서 '덕'

초대교회에서 덕은 특정한 윤리적 전통을 수립하려는 것이라기보다 공동체윤리의 성격을 지닌다. 초대교회는 세속적 관습에 의해 더럽혀지지 않도록 스스로를 지키고자 하였다. 그리고 그리스도인의 공동체를 유지하고 강화하는 일에 가장 큰 관심을 두었다.

교회라는 독특한 공동체가 지녀야 할 신앙적 덕성의 강조는 어쩌면 필연적인 것이었을지도 모른다. 헬라 문화로 대변되는 이방인들과 다른 방식으로 살고자 했던 교회공동체에 강력한 종말론적 신앙을 바탕으로 하는 기독교윤리가 필요했을 듯싶다.

이러한 공동체적 덕성의 강조는 특별히 바울의 권면에 힘입은 바 크다. 바울은 그리스도인의 성숙을 교훈하였으며 이는 다른 구성원들을 배려하는 '세움'(edification)에 대한 관심으로 이어진다. '세움'으로 표현된 바울의 교훈이 덕의 윤리와 맞닿아 있다는 인상을 강하게 주는 것은 아마도 한글성경 번역과 깊은 연관이 있어 보인다.

바울의 본문에 사용된 단어는 윤리학에서 말하는 '덕'(virtue)이 아니라 '세움'이다. 몇 군데 '덕'이라는 단어를 쓰기도 했지만, 한글성경에서는 공통적으로 '덕' 혹은 '덕스럽게'를 사용하고 있다는 점에 유의할 필요가 있다. 바울이 '덕'을 직접적으로 강조한 것도 아니고 현대적 의미에서 말하는 '덕의 윤리'와의 연관성을 적극적으로 표현한 것은 아니지만, 한국교회와 신앙인들이 덕의 윤리를 자연스럽게 연상하게 되는 데에는 복합적인 이유가 있을 법하다.

아마도 한글성경 번역과정에 아시아적 가치관에 내재된 덕의 윤리와의 친화성, 그리고 바울의 본문에 나타난 공동체적 배경에 관한 암시가 어우러진 듯싶다. 바울 본문에 담긴 종말론적 비전까지 생각한다면, 바울이 교회에 덕을 강조한 이유가 더욱 분명해질 수 있을 것 같다. '덕을 세우라'는 본문은 그렇게 읽어야 한다는 뜻이다.

예를 들어, 문제투성이 교회였던 고린도교회를 향하여 바울이 단호하면서도 배려적인 호소로 덕을 세우라고 요청했다. 종말의 때를 염두에 둔 권면일 수 있다. 바울이 지나치게 교회에 대한 감상적인 낙관에 젖어서 교회에 문제가 없다고 보았다는 것도 아니요, 문제에 대한 그의 인식이 잘못된 것도 아니다. 고린도교회의 개척자요, 가장 애정 어린 마음으로 고린도교회에 관심을 가지고 있었다는 점에서, 오히려 바울이 더 정확하게 교회의 문제들을 파악했을 수 있다.

아마도 바울이 고린도교회의 문제와 그 심각성을 몰라서 '덕'을 말한 것은 아닐 듯싶다. 그는 은혜공동체인 교회가 종말론적 비전을 전제로 공동체적 배려와 책임을 통해 더 굳건하게 세워지기를 원했을 것 같다. 그래서 종말의 순간에 교회공동체가 은혜 중에 하나님의 나라에 그대로 이를 수 있기를 기대했을 법하다. 덕스러움과 공동체에 대한 강조가 바울에게서 두드러진 이유가 이것 아닐까 싶다.

물론, 바울의 윤리를 전적으로 덕의 윤리로만 볼 수 있는 것인가 하는 데 토론의 여지가 있기는 하다. 렘지는 기독교 윤리를 아리스토텔레스의 덕 윤리와 정반대되는 것이라고 본다. 그리스도인의 삶은 중용을 강조하는 조화로운 삶이 아니라, 하나님을 따르는 삶이라는 점에서, 극단의 윤리였다는 것이다.[3] 일리가 있는 주장이다. 하지만, 이러한 생각은 덕을 '중용'의 관점에 제한시킨 데서 기인하는 오해일 수 있다.

적어도 바울의 윤리는 고대 그리스 철학자들의 관점을 여과 없이 수용한 것이 아니라는 점을 고려할 필요가 있다. 더구나 바울은 초대교회의 덕성과 공동체성에 관한 깊은 관심을 가지고 있었다. 놓치지 말아야 할 것은 바울에게서 덕의 윤리가 공동체적 특성과 종말론적 특성을 배경으로 삼는다는 점이다. 덕을 세우라는 권면은 현실에 타협하라는 것이 아니다. 공동체의 유지에 급급해서 나온 것도 아니다. 바울은 종말의 시대를 살아가는 은혜공동체인 교회를 몇 가지 윤리적 문제들 때문에 비난과 정죄의 율법적 윤리로 허물기 원치 않았다. 오히려 은혜중심성을 회복시켜 윤리적으로 성숙시키려 했던 것 아닐까.

3) *Ibid.*, p. 226

아우구스티누스와 덕의 전통

덕의 전통이 본격적으로 확립되기 시작한 것은 아마도 아우구스티누스일 듯싶다. 서양의 스승이라 일컬어지는 아우구스티누스는 고대 그리스철학과 기독교사상의 만남에서 빚어진 여러 과정들을 고스란히 감내했다. 그의 윤리에 대한 해석은 다양한 질문들을 동반한다.

예를 들어 아우구스티누스가 말한 '카리타스'가 아가페와의 적당한 혼합에 의한 것인지를 물었던 니그렌(A. Nygren)의 질문이 그렇다. 또는 아우구스티누스의 윤리적 관점이 고대의 유산을 기독교적으로 수용하려던 수정주의에 해당한다고 보았던 레만(P. Lehmann)의 관점을 비롯하여 아우구스티누스 해석에 수반되는 질문들은 얼마든지 있다.

덕의 전통이라는 관점에서 본다면, 아우구스티누스가 말한 카리타스(caritas)와 쿠피디타스(cupiditas)가 '사랑'이라는 용어로 번역되기는 하지만, 그의 덕 윤리를 가장 분명하게 보여준다. 그에게서 덕이란 사랑의 질서(ordo amoris)이다. 유덕한 혹은 덕스러운 사람이란 '사물을 그 진정한 가치에서 평가하는 사람'이라고 할 수 있다.

다른 말로 하자면, 사랑하지 말 것을 사랑하는 일이 없고, 사랑하여야 할 것을 사랑하지 못하게 하지 않으며, 덜 사랑해야 할 것과 더 사랑해야 할 것 그리고 동등하게 사랑해야 할 것을 구분하는 자가 진정한 덕의 소유자라는 뜻이다.[4] 이렇게 본다면, 내용상 카리타스와 쿠피디타스는 각각 덕의 용어로 해석되고 있는 셈이다. 카리타스는 질서 있는 사랑

4) *Ibid.*, p. 386

이라는 뜻에서 '덕'으로, 쿠피디타스는 사랑의 질서를 상실한 것이라는 점에서 '악덕'이라 풀이할 수 있다.

특이하게도, 아우구스티누스에게서 덕의 지평이 확장된다. 아우구스티누스가 보기에, 로마의 시민사회가 추앙해 마지않는 덕들은 진정한 덕이라 할 수 없다. 나름대로 의미가 없는 것은 아니지만, 하나님의 도성을 배경으로 하는 참된 덕에 비하면 초라하기 짝이 없다. 아니, 본질적으로 자랑을 일삼는 악덕일 뿐이다. 화려해 보이기는 하지만 실제로는 덕이라 할 수 없는 자기주장인 동시에 자기 의에 지나지 않는다. 진정한 덕은 오직 은혜에 의해 구원받은 자들의 공동체인 하나님의 도성에서 발견할 수 있을 뿐이다.

아우구스티누스가 보기에, 기독교의 덕 만이 진정한 덕스러움을 보여줄 수 있다. 참된 종교 없이는 참된 덕도 없다. 여기에 기독교의 공동체, 즉 교회공동체가 중요한 배경으로 자리 잡게 된다. 말하자면, 덕의 지평을 확장시킨 셈이다. 하나님의 도성이라는 진리의 공동체를 배경으로 삼는 참된 사랑의 덕을 강조했기 때문이다. 아우구스티누스를 기독교적 덕의 전통에서 중요하게 다루어야 할 이유가 바로 여기 있다.

토마스 아퀴나스의 양면성

바울과 아우구스티누스를 통해 덕의 전통이 이어져 왔다면, 중세 기독교 시대의 계승자는 단연 토마스 아퀴나스일 것이다. 일반적으로, 토마스 아퀴나스의 신학이 가톨릭에 의해 공식적으로 옹호되고 있다는 점에서 종교개혁 전통을 가진 기독교윤리학에서는 다소 불편한 인물로 다루기도 한다. 그러나 그의 신학이 기독교적 덕의 전통에서 차지하는 중요성을 감안할 때, 반드시 짚고 넘어가야 할 대상이라는 점 또한 분명해 보인다.

토마스 아퀴나스의 덕에 관한 고찰은 양면성을 지닌다. 아우구스티누스에게서 확립된 덕의 전통을 체계화시킨 주장인 동시에 공로주의적 단초일 수 있다. 토마스 아퀴나스는 독특한 '종합'의 방법으로 신학적인 덕과 자연적인 덕의 위계를 수립하였다. 아우구스티누스가 덕의 통일성을 강조한 것과는 대조적으로 토마스 아퀴나스는 그리스도인의 덕성을 두 가지로 구분하여 기층에 자연적 덕을, 상부구조에 신학적 덕을 상정한다.[5] 이러한 토마스 아퀴나스의 종합의 관점은 기독교적 덕의 전통이 아우를 수 있는 범위를 넓혀 주었다. 그는 아리스토텔레스에 깊은 관심을 표명하면서도 기독교적 관점과의 적절한 긴장관계를 유지하고자 했다.

토마스 아퀴나스의 덕의 윤리는 이 세상에 완전한 행복이 없다고 한다. 인간은 영생하는 존재가 아니며 사악한 존재라고 인식했다. 따라서 진정한 행복이란 다가올 세계에서 하나님을 관조함으로써 누리게 된다고 생각했다. 행복의 개념에 인간의 능력을 초월하는 요소들이 포함된다는 뜻이다.[6]

5) *Ibid.* p. 207

6) G. Wieland, "Happiness: The Perfection of Man" in Kretzmann, and J. Pinborg, *The Cambridge History of Later Medieval Philosophy* (Cambridge Univ. Press; 1982), p.673

토마스 아퀴나스는 아리스토텔레스의 윤리학에 한계가 있다고 보았다. 그가 보기에, 아리스토텔레스는 불완전한 행복의 영역에 제한되어 있다. 완전한 행복이란 인간의 가사성(mortal human life)과 양립할 수 없기 때문이다. 더구나 지상에서는 진정한 행복에 이를 수 없다. 부, 명예, 권력, 쾌락 등 현세적인 것에 대한 비판적 논의는 그의 관점을 대변해 준다.[7]

그는 아리스토텔레스의 『니코마코스 윤리학』을 주석하면서 가변적인 이 세상에서는 완전한 행복(beatitude)을 누릴 수 없으며 이 세상에서의 삶 이후에 완전한 행복이 있다고 말했다. 아리스토텔레스가 말하는 행복의 한계를 지적한 셈이다.

우리가 토마스 아퀴나스의 종합의 관점에서 아쉽게 생각하는 부분은 자연적 덕과 신학적 덕이라는 두 가지 요소들 사이의 어설픈 2층집 구조를 만들었다는 점이다. 이는 종합의 정신이 지니는 장점이자 한계일 수 있다. 아리스토텔레스의 관점과 기독교의 관점 중 어느 하나도 놓치지 않고자 했던 탓이다.

아쉽게도, 토마스 아퀴나스의 생각은 중세를 통해 공로주의적으로 채색되기 쉬운 측면을 지니고 있다. 물론 토마스 아퀴나스의 덕 윤리가 애초부터 공로주의를 표방한 것은 아니다. 그의 관점은 영원한 행복에 대한 관심에로 통합되는 특징이 있고 덕이라는 것 역시 은총의 주입에 의한 완성을 결론으로 삼는다. 그럼에도 불구하고 종교개혁적 관점에서 제기할 수 있는 혼합의 염려 또한 충분히 고려되어야 한다.

아우구스티누스가 고전적 '4주덕'을 카리타스의 네 가지 형식들로

---

7) *Summa Theologiae*, Ⅱ. 1. 2.

재해석한 것과 달리, 토마스 아퀴나스는 새로운 설명법을 고안했다. 4주덕이라고 불리는 자연적 덕과 신학적 덕이라고 할 수 있는 믿음, 소망, 사랑의 세 가지 덕이 마치 2층집과 같이 나열된다. 진정한 행복은 4주덕에 의해 이루어지는 것이 아니라 그 이상의 덕, 즉 초자연적 덕을 통해 완성된다는 생각 때문이다.

문제는, 종교개혁자들이 지적하는 것처럼 자연적 덕을 위한 인간의 노력에 대한 강조가 공로주의적 단초로 작용할 수 있다는 점이다. 중세의 신학에서 인위적이고 공로주의적인 덕행을 강조하는 것이 토마스 아퀴나스의 관점에 영향을 받은 것을 부정할 수는 없다. 기독교적 덕의 전통을 말할 때 선별되어야 할 대목이 있는 것은 분명해 보인다.

종교개혁과 덕의 윤리

초대교회와 바울에게서 비롯된 기독교적 덕의 전통은 아우구스티누스에게서 그 기초를 확립하고 토마스 아퀴나스에게서 종합의 관점으로 체계화되었다. 종교개혁은 그 흐름에 중요한 전환점이었다. 어떻게 보면, 덕의 전통이 뿌리 채 의심을 받는 새로운 도전에 직면한 셈이다.

하지만 그것은 부정적으로 덕의 윤리 전체를 기독교에서 추방시키려는 것이 아니었다. 오히려 덕의 윤리를 성서의 빛에 노출시켜 그 한계를 밝히고 바른 답을 찾으려는 노력이었다. 종교개혁자들의 관심은 덕의 전통 그 자체가 아니다. 중세적 왜곡, 즉 공로주의적인 색채를 제거하고 복음적인 전통을 수립하려는 노력이었다.

거스타프슨(J. Gustafson)이 말한 것처럼, 개신교가 염두에 두고 있는 도덕과 윤리는 전통적인 구교의 경우와는 다른 역할을 한다. 종교개혁자들에게 있어서 무엇보다도 중요한 것은 죄의 심각성에 관한 것이었다. 도덕적 공로를 통하여 의로움을 인정받으려는 모든 노력은 개혁의 대상이 되었다.

대표적으로, 루터를 생각해 보라. 그에게서 종교개혁자들의 덕에 대한 관점을 가장 분명하게 볼 수 있다. 구교에서 강조하는 토마스 아퀴나스의 도덕에 관한 논문이나 윤리지침서가 필요한 것이 아니라 하나님의 의를 중심으로 하는 구원의 관심이 더 중요하고 민감해야 한다는 것, 그것이 루터의 관심이었다.

루터의 관점은 덕론(Tugendlehre)에 초점을 맞추었던 중세의 입장과는 사뭇 달랐다. 중세의 윤리는 인간본성에 도덕성이 남아 있으며 교회를 통한 간접적 은총의 매개로 거룩한 덕으로 발현될 수 있다고 보았다. 루터는 이러한 생각을 거부하고 인간이 선을 이룰 수 있다는 생각 자체를 차단한다. 오히려 인간이 죄인이라는 점을 강조했다. 하나님의 무조건적 은총이 중요하다는 것이다. 하나님의 구원의 은총에 힘입어 자신을 위한 존재로부터 이웃을 위한 존재로 변화되어 살아가는 것이 기독교윤리의 출발점이라고 보았기 때문이다.

칼빈은 루터가 성서에 근거하여 전개한 신학의 대부분을 수용하였다. 윤리에 있어서도 마찬가지이다. 그는 루터의 윤리적 주제들을 성서적 관점에서 더욱 수정, 강화시켰다. 칼빈은 루터보다도 더 강하게 인간의 타락을 드러내고 하나님의 절대주권과 은혜의 필요성을 강조했다. 칼빈과 루터는 자연법적 전통과 결합된 중세의 결의론(casuistry)에 따르는 윤리를 거부한다. 대신에 그들은 성서를 신앙과 실천의 최고권위로 강조한다. 이것은 덕의 윤리가 공로주의를 조장하는 것이어서는 안 된다는 사실을 분명하게 보여준다.

얼핏 보기에 이러한 거센 종교개혁의 물결 앞에 덕의 전통이 뿌리채 의심받기 시작한 것 같다. 하지만, 종교개혁자들이 덕의 전통 그 자체를 근본적으로 부정하고자 했던 것인지 더 깊은 논의가 필요해 보인다. 물론, 루터와 칼빈이 율법적 공로주의를 논박했던 것은 분명하다. 또한 그들의 주장이 신학적 타당성을 지닌다는 것 또한 틀림없다. 덕의 전통을 앞세워 율법에 흐르거나 공로주의적 관심을 가지는 것은 성경의 가르침에 합당하지 않다는 점에서 더욱 그렇다.

동시에 놓치지 말아야 할 것이 있다. 종교개혁자들이 무엇을 목표로 삼았는가 하는 점이다. 기독교윤리에서 공동체를 위한 덕의 윤리 그 자체를 추방하려 했던 것인가? 속단할 문제가 아닐 듯싶다. 뒤집어 생각해 보자. 종교개혁자들이 말하는 것을 유심히 보면, 결국 덕의 윤리가 내용이 바뀐 것이지 그 자체로 폐기된 것은 아니다. 종교개혁자들이 말하는 성화의 교리와 거룩한 공동체의 이상은 그리스도인의 삶이 이성이나 자연법적 전통에 의하는 것이 아니라 철저하게 하나님의 은혜에 기초하는 것이어야 함을 보여주는 것 아닐까?[8)]

---

8) 이 부분은 필자의 글 '기독교와 덕, 공로주의인가? 윤리적 전통인가?'(기독교사회윤리, 제3집, 2000)을 바탕으로 수정보완한 것임을 밝혀 둔다.

다른 말로 하면, 종교개혁자들은 덕 그 자체에 관한 것이라기보다 덕의 전통이 왜곡되거나 율법적 공로주의로 채색되는 것 자체에 문제를 제기한 셈이다. 바울의 본문에서 이미 공동체윤리가 제안되었고 아우구스티누스에게서 충분히 논의되었던 덕의 전통이 중세의 신학을 통해 변질되고 왜곡되었다는 점, 바로 그 사실을 문제 삼은 것이다. 혹은 덕의 윤리를 타도하려는 것이었다기보다 덕의 윤리에 대한 올바른 관심, 즉 성경적 기초를 가진 공동체윤리의 참뜻을 구현하기를 역설한 것이라고 해석할 수 있지 않을까?

하우어워스, 현대 기독교적 버전

흥미로운 것은 종교개혁의 거센 바람 앞에 초토화된 것처럼 보이던 덕의 전통이 현대 기독교윤리학자들에 의해 재론되기 시작했다는 점이다. 단순한 재발견 정도가 아니라 복음주의자들을 포함하는 현대 기독교윤리학의 중요한 이슈로 급부상하고 있다. 롱(LeRoy Long Jr)에 따르면, 덕에 관한 관심은 기독교윤리에서 새삼스러운 것이 아니다. 오랜 기간 동안의 주요 관심사였다.[9] 특별히, 현대 기독교윤리학자 하우어워스가 말하는 그리스도인 됨의 의미와 '성화'(sanctification)의 문제는 덕의 전통이 현대 기독교윤리학에 여전히 의미 있는 통찰임을 반증해 준다.

이러한 흐름은 단지 기독교윤리학의 전유물이 아니라 현대영미철

9) Long, E. LeRoy. Jr., *A Survey of Recent Christian Ethics* (Oxford Univ. Press, 1982) pp.101-111

학의 핫이슈라는 점, 우리는 이미 읽었다. 현대윤리학자들이 먼저 덕의 전통에 대한 중요성을 강조하고 덕의 회복을 요청하였던 흐름에 비추어 본다면, 오히려 기독교윤리학자 하우어워스가 탁월하게 대응법을 모색하고 기독교적 버전을 찾아낸 것이라 보는 것이 옳겠다.

하우어워스가 현대윤리학의 중요한 문제의식을 제대로 읽어 낸 신학자였다는 점에서, 그리고 기독교적 덕의 윤리에 대한 현대적 관심을 불러일으키고 그 자신이 탁월한 방식으로 교회공동체가 지향해야 할 윤리적 아젠다를 제시하고 세밀히 다루었다는 점에 높은 점수를 줄 수 있을 듯싶다.

어떻게 보면, 하우어워스를 읽을 때 맥킨타이어의 판박이가 아닐까 싶은 대목도 없지 않다. 심지어 책 이름도 벤치마킹했다. 『기독교의 상실?』(*After Christendom?*)이라는 하우어워스의 저서는 맥킨타이어의 흔적을 고스란히 담고 있다.

그렇다고 해서, 하우어워스가 맥킨타이어를 흉내 내거나 답습했다는 의미는 아니다. 그만큼 덕의 윤리에 관련하여 기독교적 관심 또한 깊고 오래된 것임을 보여 준다. 특히, 교회공동체적 맥락에 관한 논의나 행위자의 윤리적 비전을 문제 삼는 논의 등등은 현대 기독교윤리학이 다루어야 할 중요한 과제들임에 틀림없다.

하우어워스는 기독교윤리에 있어서 덕의 윤리가 차지하는 맥락을 상황윤리(situation ethics)의 문제와 연관지어 설명하기도 한다. 그는 상황윤리가 결단을 내리는 행위자보다는 그 주변의 상황에 대한 비중을 지나치게 강조하고 있다는 점을 비판한다. 결단하는 당사자, 곧 행위자의 문제에 관심을 집중해야 한다는 뜻이다. 그는 인간이 어떠한 정황에서 무엇을 선택하고 어떠한 결과를 얻었는가의 문제보다는 그가 지니고 있는 '비전'이 중요하다고 보았다. 인간 내면의 체험과 신념, 그리고 내적 대화의 중요성에 관심을 가져야 한다는 것이다.[10]

하우어워스의 이러한 관심은 덕의 윤리에 관한 논의가 새로운 지평으로 확장되어야 함을 보여 준다. 과거적 논제에 얽매여서 과연 공로주의적인 것인가? 혹은 종교개혁적 전통에 맞지 않는 것인가를 묻는 진부한 단계에서 벗어나야 한다. 말하자면, 이제 기독교윤리에 있어서 덕에 관한 논의는 진정한 윤리적인 문제와 더불어 씨름하는, 윤리학적 탐구의 영역에서 발견되어야 한다. 이것이야말로 기독교윤리의 역사를 통한 교훈이며 기독교윤리가 지향해야 할 새로운 방향의 이정표라 하겠다.

긍휼은 심판을 이기느니라 (약2:13)

10) S. Hauerwas, *Vision and Virtue: Essays in Christian Ethical Reflection* (Univ. of Notre Dame Press, 1974), p. 2

Question 2. **HOW?**

어떻게 '덕을 세울' 것인가?

- 교회, 은혜공동체성을 회복하라
  '덕을 세우도록 하라' – 사도바울
- 교회, 올바른 사랑으로 거듭나라
  '화려한 악덕을 넘어서' – 아우구스티누스
- 교회, 교회답게 복음대로 살라
  '교회로 교회되게 하라' – 하우어워스

교회,
은혜공동체성을 회복하라

교회에 덕을 세운다는 것은 교회 안에 유지되어 온 보수적인 문화와 가치들에 집착하라는 교훈이 아니다. 신앙의 연조 혹은 교회에 등록카드를 낸 기간의 빠르고 늦음에 위계질서를 세워야 한다는 뜻도 아니다. 그 모든 것이 무의미하다는 생각은 아니지만, 그것이 절대적인 것이 아니라는 것 또한 분명하다. 만일 그것이 복음에 합당하지 않거나 복음적이지 않다면 과감하게 넘어서야 할 부분일 수 있다.

정말 중요한 것은 교회의 본질에 관한 인식이다. 무엇보다도 교회가 공동체적 본질을 가지고 있다는 사실에 유의하라. 교회가 공동체적 본질은 은혜 중심성에 있다. 말하자면, 교회는 은혜공동체성을 지닌다. 바로 이 사실로부터 교회와 덕의 윤리를 이야기하는 것이 바른 순서일 듯싶다.

우리는 특히 바울이 서신들을 통해 '덕을 세우도록 하라'고 반복한 점에 주목하면서, 그의 윤리적 권면의 특징과 핵심을 이해하고 실천과제를 찾아보고자 한다. 바울이 덕을 세우라고 권면한 이유와 배경은 무엇인지, 그가 말하는 덕이란 과연 어떤 것인지, 그리고 그것이 오늘의 교회와 어떻게 연관될 수 있는 것인지 유심히 살펴볼 필요가 있다. 교회의 교회됨을 위해서, 진정한 덕스러움의 실천을 위해서 말이다.

‘덕을 세우도록 하라’
– 사도 바울

왜, ‘덕을 세우도록 하라’ 하는가?

한국교회만의 특징들 가운데 술과 담배에 대한 금지 혹은 조상제사의 거부 등을 말하기도 한다. 정작 놓치기 쉬운 전통이 하나 있다. ‘덕스럽게 하자’, ‘은혜롭게 하자’, ‘덕을 세우자’ 하는 표현에 담긴 공동체적 덕의 윤리가 그것이다.

교회에 ‘덕을 세운다는 것(建德)’은 과연 무엇인가? 교회에 발생하는 악행들과 불의한 일들을 눈감아 주고 대충 넘어가자는 것일까? 교회가 극복해야만 하는 권위주의적 질서를 옹호하고 위계질서에 순응하라는 것일까? 요즘처럼 변화와 개혁을 요구하는 시민사회에서 한국교회의 보수적 경향을 대변해 주는 상징일까? 교회의 개혁을 말하기에 적합하지 않은 시대착오적 가치관에 불과한 것일까?

이 모든 질문에 답하는 것은 쉽지 않다. 분명한 것은, 싫든 좋든 간에 '덕을 세우라'는 교훈이 성경말씀에 있다는 점, 그 이야기로부터 시작해야 할 듯싶다. 덕에 관한 현대 윤리학자들의 관심 때문도 아니고 교회의 보수적 특성을 강화하자고 하는 의미도 아니다.

굳이 말하자면, 덕의 가치를 재발견하고 공동체적 윤리를 구현하자는 현대 철학자들의 관심이 성경 속에 이미 들어 있던 '덕의 윤리'를 새롭게 보게 하는 자극제가 된 셈이다. 공동체주의가 관심거리로 떠오르고 덕의 윤리가 주목받는 맥락에서 교회는 어떤 관점을 가지고 있었는지 묻는 과정에 '덕스럽게 하자'는 한국교회의 용법이 재조명을 받게 된 것도 사실이다.

그러나 정작 중요한 것은 성경이 본래부터 덕에 대한 관심을 품고 있었다는 점이다. 특히 바울서신을 통해 '덕스럽게 하자'는 말이 반복되어 나올 정도로 말이다. 하지만 이 부분에서 유의해야 할 것이 있다. 얼마나 자주 사용되었는가 하는 관심보다 그 진의가 무엇인지를 이해하는 것이 중요하다.

또 하나, 한국교회가 복음을 앞세워 보수적 가치관에 기울어져 있다는 것 때문에 변명하려는 것은 아니다. 사실, 교회가 시민사회에 적응하지 못하는 부분이 없지 않다. 종교개혁 시절만 해도 교회가 사회를 이끌어 주었다. 오늘날, 시민사회로부터 질타당하고 비난받는 형편이 되었다는 것은 정말 안타까운 일이다.

여러 이유들 중에 교회가 정치적 보수주의와 결탁하여 사회의 개혁과 시민의식 각성에 관심이 없다는 소리도 섞여 있는 것 같다. 딱히 틀린 말은 아니다. 현상적으로 볼 때 한국교회의 주류라고 할 수 있는 보수적 신앙인들이 정치적 보수주의와 맞아떨어지는 요소들을 여럿 지니고 있다. 교회에서 '덕'을 강조하는 이유도 보수적 성향을 보이는 것이라고 오해할 만한 대목이 충분하다.

그러나 성경이 '덕을 세우도록 하라'고 교훈하는 것은 정치적 보수주의를 말하는 것이 아니다. 어찌 보면, 성경은 현실 정치에서 가장 바람직한 체제가 무엇인가에 대해 침묵한다. 정치적 보수주의가 곧 복음적인 것은 아니다. 복음주의자들이 모두 현실정치에 관여해야 하는 것도 아니지 않은가.

적어도 우리가 '덕을 세우도록 하라'에 관심을 가지는 것은 현실 정치와 교회의 연관성을 위한 모색이 아닌 것만은 분명하다. 성경의 덕에 관한 윤리적 교훈이 오늘의 교회를 위해 어떻게 재해석되고 적용되어야 하는지를 찾아내고자 하는 데 우리의 목적이 있다. 성경에 표현된 '덕을 세우도록 하라', '덕스럽게 하자', '은혜롭게 하자'의 본래적 맥락과 의도가 무엇인지를 파악하고 이해하려는 이유가 여기 있다.

'덕을 세우다'의 분석

'덕을 세우다'라고 하는 성경말씀은 우리말 어법에 그다지 적당하지 않을 듯싶다. 사전적 용례를 보면, '덕을 세우다'의 항목보다 명사로서의 '덕'(德)과 '덕스럽다'의 형용사로 찾는 것이 쉽다. 국어사전은 '덕'을 도덕적 · 윤리적 이상을 실현해 나가는 인격적 능력 또는 공정하고 남을 넓게 이해하고 받아들이는 마음이나 행동이라고 말하며, '보기에 어질고 너그러운 데가 있다'는 뜻으로 형용사 '덕스럽다'를 풀이한다.[1] 어떻게 보면, '덕을 세우다'는 우리말이기는 하지만 국어사전보다 바울서신을 통해 친숙해진 관용구이다. 사용횟수나 용례를 찾는 단순작업을 통해서도 쉽게 확인할 수 있는 대목이다.[2]

> 우리가 화평의 일과 서로 덕을 세우는 일(της οἰκοδομης)을 힘쓰나니.(롬14:19)

> 우리 각 사람이 이웃을 기쁘게 하되 선을 이루고 덕을 세우도록(πρὸς οἰκοδομήν) 할지니라.(롬15:2)

> 무릇 더러운 말은 너희 입 밖에도 내지 말고 오직 덕을 세우는 데(πρὸς οἰκοδομήν) 소용되는 대로 선한 말을 하여 듣는 자들에게 은혜를 끼치게 하라.(엡4:29)

> 그러므로 피차 권면하고 서로 덕을 세우기를(οἰκοδομειτε) 너희가 하는 것 같이 하라.(살전5:11)

1) 네이버 국어사전(www.naver.com)을 참고하였음.

2) 이 글은 필자의 글 '덕을 세우다의 윤리적 성찰'(신산회갑논문집, 2008)을 바탕으로 수정보완한 것임을 밝혀 둔다.

특히 고린도서신에는 덕에 관한 권면이 두드러진다. 고린도교회의 개척자인 바울에게 들려온 문제상황들은 복잡하고 심각했다. 여러 문제들에 관한 바울의 해법은 그의 목회적 관심과 어우러져 덕에 관한 공동체적 윤리로 나타난다.

> 우상의 제물에 대하여는 우리가 다 지식이 있는 줄을 아나 지식은 교만하게 하며 사랑은 덕을 세우나니(οἰκοδομει) (고전8:1)

> 모든 것이 가하나 모든 것이 유익한 것은 아니요 모든 것이 가하나 모든 것이 덕을 세우는 것(οἰκοδομει)은 아니니 (고전10:23)

> 예언하는 자는 사람에게 말하여 덕을 세우며(οἰκοδομὴν) 권면하며 위로하는 것이요 방언을 말하는 자는 자기의 덕을 세우고(οἰκοδομει) 예언하는 자는 교회의 덕을 세우나니(οἰκοδομει) 나는 너희가 다 방언 말하기를 원하나 특별히 예언하기를 원하노라 만일 방언을 말하는 자가 통역하여 교회의 덕을 세우지(οἰκοδομὴν) 아니하면 예언하는 자만 못하니라. (고전14:3-5)

> 너희도 영적인 것을 사모하는 자인즉 교회의 덕 세우기를 위하여(πρὸς τὴν οἰκοδομὴν) 그것이 풍성하기를 구하라. (고전14:12)

> 너는 감사를 잘하였으나 그러나 다른 사람은 덕 세움(οἰκοδομειται)을 받지 못하리라. (고전14:17)

그런즉 형제들아 어찌할까. 너희가 모일 때에 각각 찬송시도 있으며 가르치는 말씀도 있으며 계시도 있으며 방언도 있으며 통역함도 있나니 모든 것을 덕을 세우기 위하여(προς οἰκοδομὴν) 하라. (고전14:26)

이때까지 우리가 자기변명을 하는 줄로 생각하는구나. 우리는 그리스도 안에서 하나님 앞에 말하노라 사랑하는 자들아 이 모든 것은 너희의 덕을 세우기 위함(ὑπερ της οἰκοδομης)이니라. (고후12:19)

물론, 바울서신에만 덕에 관한 언급이 나타나는 것은 아니다.[3] 예를 들어 베드로서신에서 덕에 관한 표현들을 볼 수 있다.

그러나 너희는 택하신 족속이요 왕 같은 제사장들이요 거룩한 나라요 그의 소유가 된 백성이니 이는 너희를 어두운데서 불러내어 그의 기이한 빛에 들어가게 하신 이의 아름다운 덕(τὰς ἀρετὰς)을 선포하게 하려 하심이라. (벧전2:9)

이러므로 너희가 더욱 힘써 너희 믿음에 덕(τὴν ἀρετήν)을, 덕(τῆ ἀρετη)에 지식을, 지식에 절제를, 절제에 인내를, 인내에 경건을, 경건에 형제 우애를, 형제 우애에 사랑을 더하라. (벧후1:5-7)

3) 필자의 불찰로 더 많은 표현들을 찾아내지 못했을 수 있다. 하지만 샅샅이 뒤져서 나열하는 것이 글의 목적이 아니라는 점에서 독자여러분의 양해를 구하며, 개역개정판을 사용했음을 밝혀둔다.

특이한 점은 베드로서신에서는 '덕'을 말하기는 하지만, '덕을 세우다'의 형태는 아니라는 점이다. 물론, 바울서신에서도 '덕을 세우다'의 형태가 아닌 경우가 있다. 예를 들어, 빌립보서의 한 절에는 윤리학에서 말하는 덕(άρετη)이 명시되어 있다.

> 형제들아 무엇에든지 참되며 무엇에든지 경건하며 무엇에든지 옳으며 무엇에든지 정결하며 무엇에든지 사랑받을 만하며 무엇에든지 칭찬받을 만하며 무슨 덕(άρετη)이 있든지 무슨 기림이 있든지 이것들을 생각하라. (빌4:8)

이 구절에서 덕에 관한 희랍철학적 뉘앙스가 어느 정도 묻어 나오기는 하지만 대부분의 경우, 특히 고린도교회의 윤리적 문제들에 관한 바울의 해법은 윤리학의 그것과 다른 용어로 사용된다. 덕을 언급하는 바울의 문장은 대부분 '세우다'(edify, build up 또는 benefit, strengthen이 되는 경우도 있음)라는 용어를 사용한다.

엄밀히 말해 '덕을 세우다'는 '건축하다' 혹은 '일으켜 세우다'의 뜻이지만, 우리말 성서에서는 '집을 짓다'라는 문자적인 뜻보다 '덕을 세우다'의 뜻으로 의역된다. 게다가, 덕의 개념 또한 확대적용되었다. 동서양의 윤리학이 말하는 도덕적 능력 또는 탁월성의 개념까지도 포함하여 개인의 성품에 관한 이야기로, 공동체적 윤리를 제안하는 이야기로 사용되고 있는 셈이다.

비치(W. Beach)와 니버(H. R. Niebuhr)는 이러한 바울의 윤리를 공동체적 생활윤리로 해석한다.[4] 매스턴(T. B. Maston)은 바울의 윤리에 코이노니아 혹은 공동체적 성격이 내재되어 있다고 말한다.[5] 바울윤리 연구의 대가인 퍼니쉬(V. P. Furnish) 역시 이 부분을 바울의 공동체적 관심이라 해석한다.[6]

퍼니쉬에 따르면, 바울의 윤리에는 도덕적 행위자 개인의 악행을 강조하는 헬레니즘 세계의 일반적 지침들과는 달리 공동체 생활을 위한 지침들이 들어 있다. 바울은 교회공동체를 성령이 거하시는 하나님의 집(θεου οἰκοδομη 고전3:9)이라고 이해했고 신앙인을 가정의 식구(갈6:10)로 간주했으며 공동체를 위한 윤리로 덕을 세우라고 권했다는 것이다. 아마도 바울은 '덕을 세우다'를 신앙공동체로서 교회생활을 위한 윤리의 중심이라고 이해한 것 같다.

특히 공동체에 속한 구성원들의 행위가 전체 공동체에 어떤 영향을 줄 것인가에 대해 바울의 관심이 지대했다. 예를 들어, 우상의 제물로 바쳐진 고기를 먹을 것인가 말 것인가 하는 것은 그 행위가 형제들에게 어떤 영향을 줄 것인지 생각하여 결정해야 한다.

신앙인의 삶과 행위는 개인의 결단에 의한 것이 아니라 항상 그리스도 안에 함께하는 형제들 속에서, 형제들과 더불어, 형제들을 위하여 이루어지는 것이기 때문이다. 신앙인의 윤리는 선과 악에 관한 개념적 선택이 아니라 공동체 전체의 덕을 이루기 위해 선이 되는 것을 선택하고 행하는 것이라고 보았던 것이다.

바울이 제시한 윤리적 사례들을 살펴보면 그의 공동체적 관심의

4) W. Beach. & H. R. Niebuhr, 김중기 역 『기독교윤리학』(대한기독교출판사, 1992), 39-46면

5) T. B. Maston, 고재식 역, 『성서윤리』(대한기독교출판사, 제5판, 1993), 235면

6) V. P. Furnish, 김용옥 역, 『바울의 신학과 윤리』(대한기독교출판사, 1994), 85면

정체가 무엇인지 더 분명해진다. 가령 고린도전서에 등장하는 다양한 윤리적 예항들, 즉 근친상간의 문제(5:1-13), 교인 간의 경제적 이해관계로 세상법정에 소송을 제기한 사건(6:1-11), 또한 결혼과 이혼의 문제(7:1-16), 자유인과 노예의 신분이 교회 안에서 해소되어야 하는 방식(7:17-24), 그리고 미혼자와 과부의 처신문제(7:25-40) 등 구체적인 예항들 속에 교회공동체를 위한 윤리적 관심이 잘 나타나 있다.

이러한 구절들에서, 바울은 그리스도의 몸인 교회의 지체들을 손상시키고 공동체를 그릇된 길로 이끄는 것들을 악행이라고 간주했다. 그리고 공동체의 가치를 선양하는 선한 일들을 적극 권면한다. 나아가 교회공동체를 위한 덕목들 중에서 가장 중요한 덕목은 사랑(Agape)이라 할 수 있다. 바울에게 있어서 사랑은 최상의 덕이요, 모든 것을 포용하는 초월적인 덕인 동시에 모든 덕을 하나로 묶어 주는 황금률이며[7] 교회 공동체를 특징짓는 근본원리로 간주된다.

이러한 공동체적 관심은 그의 윤리가 지니는 신학적, 종말론적, 기독론적 특징과 밀접히 연관된다.[8] 특히 바울의 윤리는 그리스도 중심의 윤리라고 할 수 있다. 우리가 아는 것처럼, 기독교윤리에 있어서 이상적인 인간상은 예수 그리스도에게 있으며, 신앙인은 그리스도의 장성한 분량에 이르기까지 성장해야 하는 과제를 안고 있다.(엡4:15)

이에 관하여 렘지(P. Ramsey)는 '그리스도 중심의 원리'라는 말을 사용하면서 그리스도를 본받아 성숙한 도덕적 성격을 형성해야 한다는 점

7) Maston, 앞의 책, 269면

8) Furnish, 앞의 책, 247면

을 말하기도 한다.[9] 매스턴 역시 사도바울이 제시하는 인간의 성숙은 자연인의 모범이 아니라 예수 그리스도라는 사실을 확인하면서, 바울의 윤리를 설명하는 과정에서도 그리스도의 모방(imitation of Christ)을 통한 그리스도 중심성의 가치를 강조한다.[10]

이러한 그리스도 중심의 윤리는 바울에게 있어서 진공 상태에 적용되는 이념적 원리가 아니라 구체적인 실천의 현장을 배경으로 한다. 교회가 그것이다. 바울에게 있어서 구원의 공동체인 그리스도의 교회는 새로운 존재의 공동체이다. 그리고 이러한 은혜공동체로서의 교회에 덕을 세우는 것은 우리 자신에 대한 관심을 포기하고 다른 사람을 위해 살아갈 때 이루어진다. 물론, 세상을 향하여 이웃을 향하여 그리스도 중심의 윤리가 적용되어야 하겠지만 무엇보다도 교회공동체에서 구현되어야 한다는 뜻이다.

이렇게 볼 때, 덕에 관한 바울의 가르침은 현대 기독교윤리학에서 말하는 공동체주의 윤리와 맞닿을 가능성도 가지고 있다. 예를 들어, 교회론적 윤리(ecclesial ethics)라는 별명을 가진 하우어워스의 윤리에는 교회에 대한 강조가 중심에 있다. 하우어워스에게서 교회는 자유주의적 시민사회의 공동체와 다르다. 교회는 자유주의적 사회공동체에 동화되어서도 안 되며, 오히려 교회 그 자체로 사회윤리이다.[11]

하우어워스의 요점은 교회가 독특하고도 탁월한 삶의 방식, 즉 전쟁의 위험이 상존하고 폭력으로 얼룩진 시민사회에서 비폭력의 평화를

9) P. Ramsey, *Basic Christian Ethics* (Univ. of Chicago Press, 1980 reprinted), pp. 193-196

10) Maston, 앞의 책, 271면

11) S. Hauerwas, *The Peaceable Kingdom: A Primer in Christian Ethics* (Univ. of Notre Dame Press, 1983), p. 99

실현하는 윤리적 공동체가 되어야 한다는 것이다. 이처럼 교회를 중심으로 하는 하우어워스의 윤리사상은 현대 기독교윤리학에서 공동체윤리 및 덕의 윤리를 새롭게 조명한 중요한 통찰이다.

더욱 흥미로운 것은, 우리의 초점은 바울의 공동체적 관심이 한글 성경에서 '덕을 세우다'로 번역되었다는 점이다. 이것은 번역기술의 문제가 아니다. 우리가 선택한 몇 구절은 바울의 공동체윤리를 엿보게 하는 단초들일 수 있다. 바울서신에서 '덕을 세우다'의 표현은 헬라원문의 단어가 지닌 문자적 의미를 넘어 교회공동체를 위한 행위를 권장하는 상징적인 의미로 사용되었음을 볼 수 있었다.

그리고 '덕을 세우다'는 그 용법상 바울서신에서 '세움'이라는 단어는 '흩어지는 것', '분열하는 것' 등의 '세움'의 저해요소에 반대되는 의미로 사용되었음을 볼 수 있다. 즉 '강하게 하는 것', '일치시키는 것', '결속력을 강화시키는 것' 등으로 사용되고 있다. 이렇게 본다면, 덕을 세운다는 것은 교회의 강화 및 일치와 연합, 그리고 성장을 위한 행위를 지칭하는 것인 동시에 '전체를 조화롭게 하나로 만드는 것'이라는 뜻이다.

'덕을 세우다'의 과제

짚고 넘어갈 것이 있다. '덕을 세우다'의 윤리적 의의를 살펴보기 전에, 그 배경에 은혜중심적 윤리(Grace-centered ethics)가 전제되어야 한다. 얀시(P. Yancy)의 신앙에세이에 나타난 것처럼, 은혜란 주는 이가 친히 값을 치

렀기에 값이 없는 것이며, 베푸는 자의 부담으로 값없이, 조건 없이 거저 온 것이다.[12] 따라서 신앙인들에게는 값없는 은혜를 값싼 은혜로 전락시키지 않으려는 책임의 윤리가 필요하다. 동시에 은혜로 은혜 되게 하는 노력이 간과되어서는 안 된다.

이 점에서 신앙인들이 행위에 관한 문제에 있어서 은혜보다 도덕이 먼저라고 착각하기 쉬운 경향을 가지고 있다는 얀시의 지적에 큰 의미가 있다. 특히 얀시가 피터슨(E. Peterson)을 인용한 대목에 유의할 필요가 있다. 신앙인들이 이론상으로는 은혜를 강조하는 아우구스티누스 쪽이지만, 실제 생활은 인간의 도덕적 노력을 강조하는 펠라기우스 쪽이라는 지적 말이다. 얀시의 문제의식에 상당한 설득력이 있다. '덕을 세우다'의 윤리를 말할 때, 펠라기우스적 시도로 전락되지 말아야 하기 때문이다.

이러한 의미에서, 우리는 한글성경의 '덕을 세우다'가 번역과정에서 아시아인의 무의식에 자리 잡은 유교적 형식, 즉 군자의 덕스러움과 공동체적 배경을 고려한 것이었다고 보는 것이 타당할 듯싶다. 이 점에서, '덕을 세우다'는 바리새적 공로주의의 위험성과 공동체주의적 덕성 함양의 필요성 사이에 놓은 고민거리일 수 있다.

이를테면, 교회 안에 나타나는 부정적 의미의 유교적 잔재들을 생각해 보자. 인사예절이나 패션만 보고 젊은이들의 모든 것을 평가하려는 자세, 중직자로 장립을 받은 후 마치 공동체의 유지(有志) 또는 원로(元老)가 된 것처럼 착각하여 성도들 위에 군림하려는 자세 등은 바울의 공동체적 덕목과는 거리가 먼 행태들이라고 해야 마땅하다.

12) P. Yancy, 윤종석 역, 『놀라운 하나님의 은혜』(한국기독학생회출판부, 2006), 27면

더구나, 신앙인들이 자신의 신앙연조를 자랑하거나 '자기 의'를 내세우는 경우라면 그것은 덕스러움에 포함되는 것이 아니라 악덕에 포함시켜야 할 것이다. 오히려 신앙의 연조가 깊고 남을 지도해야할 수준에 오른 사람일수록 공동체의 새로운 멤버들을 위해 자신을 낮추고 봉사하는 모습을 보이는 것이야말로 '덕을 세우다'의 구현이 아닐까 싶다.

나아가 자기희생을 통해 교회공동체와 신앙인들에게 선한 영향을 줄 수 있어야 하지 않을까? 바울은 심지어 하나님의 일을 무너지게 하거나 형제를 실족하게 하느니 차라리 자신의 자유를 희생하는 것이 낫다고 하지 않았는가.[13)]

바울이 말하는 공동체적 관점은 도덕적 의미에서의 탁월한 인격을 가진 덕스러운 인물, 군자와 같은 추앙의 대상이 되라는 뜻이 아닐 듯 싶다. 오히려 교회의 은혜중심성이라는 배경을 따라 공동체를 배려하고 복음에 충실한 사람이 되라는 것으로 해석하는 것이 타당할 것 같다.

뱅크스(R. Banks)는 이러한 바울적 관점을 공동참여와 공동책임이라는 틀에서 설명하기도 한다. 그에 따르면, 바울의 공동체는 고대 그리스의 폴리스 형태나 여타의 친교모임과는 달리 그리스도를 중심으로 하는 일종의 가족공동체와도 같은 모임이다. 그리고 교회공동체의 구성원 모두에게는 공동체의 성장과 유지 및 운영을 위한 공동참여와 공동책임이라는 윤리적 과제가 부여되었다고 볼 수 있다.[14)]

이러한 의미에서, 한글성경에 '덕을 세우다'로 번역된 바울의 윤리

13) D. Wenham, 박문재 역, 『바울: 예수의 추종자인가? 기독교의 창시자인가?』(크리스찬 다이제스트, 2002), 36-367면

14) R. Banks, 장동수 역, 『바울의 그리스도인 공동체 사상』(도서출판 여수룬, 1995), 205-222면

는 권위주의를 비롯한 봉건적 잔재를 정당화시키는 것이 아니라 공동체를 위한 관심과 배려, 그리고 책임의 구현으로 재해석되어야 마땅하다.

어떻게 보면, '덕을 세우다'는 자연인으로서 개인의 인격성숙이나 도덕성 함양을 위한 것이라기보다 은혜로 부르심을 받은 교회공동체의 유지와 보존, 성숙을 위한 행위를 선택하는 일종의 배려라고도 할 수 있겠다. 예를 들어, 한 사람의 행위가 자신에게는 아무런 거리낌이 없는 것이라 하더라도 미성숙의 상태에 있거나 교회문화에 익숙하지 못한 다른 구성원들을 포함하여 교회공동체의 여러 구성원들을 위해 절제하며 오해의 소지를 최소화하려는 노력이 그것이다.

그래서 '덕을 세우다'는 공로주의와 공동체주의 사이에 놓인 민감한 윤리적 문제일 수 있다. 덕에 대한 강조는 바리새적 공로주의에 흐르기 쉬운 동시에 교회공동체를 위한 의미 있는 윤리적 대안이 될 수 있기 때문이다. 만일, 덕에 대한 관심이 복음적 정체성에서 벗어나면 유교적 권위주의에 매몰되거나 율법적 공로주의가 되고 말 것이다. '덕을 세우다'의 권면이 복음적이고 은혜중심적인 가치관에 합당한 윤리로 자리 잡을 때 비로소 교회를 위한 의미 있는 공동체주의로 자리매김 할 수 있을 것이다.

덕을 세우도록 하라

바울은 로마서 15:2에서 간결하게 요약한다. '우리 각 사람이 이웃을 기쁘게 하되 선을 이루고 덕을 세우도록 할지니라.' 한국적 용법으로 본다면, 두 가지 정도 구분이 필요할 듯싶다. 하나는 신앙인 개인의 행동양식으로서의 '덕'이요 다른 하나는 교회를 위한 공동체적 행동양식으로서의 '세움'을 가리킨다. 사실, 어법상 '덕을 세운다'는 말은 성경번역에서나 볼 수 있는 표현이다.

어떻게 보면, '덕스럽게 하라'고 하든지 혹은 '공동체를 세우라'고 하든지 둘 중 하나를 말하는 것이 맞을지 모른다. '덕'이란 세워야 할 대상이라기보다 인격수양을 통해 갖추고 성숙시켜야 할 도덕적 능력이라 할 수 있기 때문이다. 말하자면, '덕스럽게' 행하거나 '덕'을 베푸는 것이지 세워야 할 그 무엇은 아닐 듯싶다.

'세운다'는 것 역시 마찬가지이다. 건축물을 세우거나 위신을 세우거나 공동체를 세우는 것으로 옮겨볼 수 있기는 하지만, 굳이 '덕'을 운운하는 것은 특이한 어법일 수 있다. 왜 굳이 어법상의 어색함을 무릅쓰고 '덕'과 '세우다'를 결합하려고 했을까? '덕을 세우다'는 표현이 덕의 윤리를 말하는 윤리학자들이 공동체주의를 배경을 삼는 것과 일맥상통한다는 점은 더욱 관심이 간다. 이렇게도 절묘하게 맞아떨어질 수 있는 것인지, 흥미롭기까지 하다.

덕을 세운다는 것과 관련해서 두 가지를 이야기해야 한다는 말뜻이 여기 있다. 하나는 개인의 성품인 동시에 행동양식으로서의 덕이 신앙인에게 필요하다는 것이다. 다른 하나는 교회 안에서 신앙인의 행위가 공동체를 위한 것이어야 한다는 점에서 공동체적 행동양식을 가져야 한다는 것이다.

하지만, 교회 공동체에 있어서 덕스러움에 관한 주장에 한계가 있는 것이 사실이다. 덕의 윤리를 강조하는 과정에서 오해와 왜곡이 생겨 교회공동체를 현실감각이 없는 모임으로 만들지도 모른다. 한국교회에서 덕을 세우는 윤리가 공동체를 위한 배려라고 하는 긍정적인 측면 외에 덕을 세운다는 명분으로 정의롭지 못한 일을 '눈감아' 주자는 이야기로 와전될 수 있음을 우리는 잘 알고 있다. '덕스럽지 못하다는' 빌미로 한 신앙인격을 궁지에 몰아넣는 위험에 직면할 수 있다.

더구나 교회를 보수적인 집단으로, 기독교의 사회윤리를 보수적인 것으로 몰아세울 가능성 또한 충분하다. 신앙적으로 미성숙한 구성원들을 위해 스스로 자제하며 그들을 배려하는 것이 공동체성숙에 필수적일 수 있지만, 잘잘못을 가리고 그 대책을 마련하자는 소리가 공동체를 해치는 행위로 간주되는 경우 또한 없지는 않을 듯싶다.

바람직한 것은 바울의 덕 윤리를 구현하기 위해 교회를 아름다운 이야기가 있는 공동체로 만드는 것이다. 특히 요즘 같은 시민사회에서는 교회를 덕성 함양의 장으로, '아름다운 이야기가 있는 공동체'로 만들어 가는 공동의 노력이 절실하다. 무엇보다도 복음이라는 아름다운 이야기가 중심이 되고 봉사와 헌신을 통한 치유와 성숙의 이야기들이 풍요롭게 전개되는 교회상을 세워가는 것, 이것이야말로 미담(美談)을 잃어가는 현대사회에 한국교회가 기여할 가장 바람직한 윤리적 대안이 될 것이기 때문이다.

긍휼은 심판을 이기느니라 (약2:13)

교회, 올바른 사랑으로 거듭나라

덕스러운 교회가 된다는 것은 후덕한 사람들이 많이 모였거나 유력인사들이 출석한다고 해서 이루어지는 것이 아닐 듯싶다. 덕스러운 교회가 된다는 것은 교회 구성원들이 바른 신앙관을 가지고 교회의 바른 모습을 구현하기 위해 헌신하는 데에서 찾는 것이 옳다. 생각해 보면, 교회는 입회원서 내고 신원조회를 통과한 사람들만의 도덕공동체인 것은 아니다. 교회에는 복음을 모르는 사람들보다 더 심해 보이는 문제들을 안고 사는 사람도 섞여 있지 않은가? 그럼에도 불구하고 교회라고 부를 수 있는 것은 하나님의 도성을 향한 순례자의 길을 걸어가는 자들의 공동체이기 때문일 것이다.

말하자면, 교회는 시민적 가치가 탁월한 사람들이 모인 곳이 아니다. 물론, 교회 안에 탁월한 시민들이 많아지면 얼마나 좋겠는가. 현실적으로 교회에 양심적이고 '착한' 사람들이 상대적으로 많이 출석하고 있기는 해도 그것만으로 교회의 참모습을 단정지을 수는 없을 듯싶다. 과연 복음적 가치관을 가지고 있는가? 하나님의 도성을 향한 신실함으로 살고 있는가?

진정으로 사랑해야 할 대상을 바르게 사랑하고 수단으로 사용해야 할 것들을 분별하는 사랑의 질서를 가지고 있는가? 그것이 중요하다. 이러한 뜻에서, 우리는 생각해 보아야 한다. 과연 시민사회를 향한 영적 지도력은 고사하고 물량주의, 기복주의, 그리고 집단이기주의로 낙인찍히기 쉬운 우리의 교회가 덕스러운 교회가 되기 위한 과제는 무엇인가? 아우구스티누스에게서 우리는 그 지혜를 배우고자 싶다. 교회에 덕을 세우고, 덕스러운 교회를 이루기 위해서 말이다.

‘화려한 악덕을 넘어서’
– 아우구스티누스

‘덕’의 전통에서 본 아우구스티누스

바울이 제안한 덕의 윤리와 공동체적 관심은 아우구스티누스에게서 탁월한 형태로 리모델링되고 심화된다. 더욱이 덕의 전통에로의 복귀를 주장하는 맥킨타이어가 보기에, 아우구스티누스는 하나의 대안으로 평가된다. ‘아우구스티누스적 대안’(Augustinian Alternative)이라는 용어는 그 상징성을 듬뿍 담고 있다.

물론, 맥킨타이어의 해석이 절대적인 것은 아니다. 하지만, 덕의 윤리에 대한 아우구스티누스의 중요성을 부각시켜 주었다는 점, 그것만은 분명해 보인다. 맥킨타이어가 주목했던 부분, 즉 ‘자유의지’를 덕의 윤리와 연관짓는 과정을 살펴보려는 이유가 여기 있다.

아우구스티누스를 자유의지론의 선구로 여기는 것은 그리 큰 논란의 대상이 되지 않는다. 문제는 자유의지를 결여(privatio)로서의 악에 대한 설명에 제한하는 경향이다. 잘못되었다는 것이 아니다. 자유의지의 또 다른 측면에 대한 고려를 간과할 수 있다는 점이 문제이다. 자유의지의 개념을 '행복'의 추구와 '덕'의 관점에서 다시 읽을 필요가 있다.

아우구스티누스에게서 행복론(eudaimonism)과 주의론(主意論, voluntarism)[1]은 긴밀히 이어진다. 그의 사상 발전의 전기와 후기에 이르기까지 행복은 일관된 주제였으며 진리의 인식을 비롯하여 시간과 영원의 구분, 그리고 존재론과 역사철학에 이르기까지의 그의 사상에 깊이 뿌리내려 있다.

중요한 단초는 이것이다. 모든 사람이 다 행복해지기를 원하지만 모두가 다 행복해지는 것은 아니라는 점. 바로 그것이다. 진정한 행복에 대한 바른 인식, 행복을 얻기 위한 바른 방법에 대한 관점의 차이를 전제하고 있는 셈이다. 아우구스티누스는 행복의 조건을 영원성과 불변성으로 상정하고 하나님을 행복의 원천으로 상정한다.

아리스토텔레스나 스토아의 그것과는 내용적 차이가 나는 대목이다. 아우구스티누스가 바라는 행복은 진리의 관조에서 오는 것이 아니라 실존적 결핍의 존재인 인간이 진정한 안정(quies)을 찾아 누리는 데 있다. 질송(E. Gilson)이 말한 것처럼, 아우구스티누스의 모색은 인간에게 참된 안식과 안정을 주시는 하나님을 찾아 떠나는 여로와 같다.[2]

1) 스콜라 후기 혹은 근대적 의미와 차이가 있다. 지성과의 관계에서 의지의 중요성을 강조한 것으로 보면 좋겠다.

2) E. Gilson, *The Christian Philosophy of St. Augustine,* Trans. by L. E. M. Lynch (London: Lowe and Brydone Ltd., 1960), p. 11

덕의 윤리, Caritas – Cupiditas

아우구스티누스는 진정한 행복을 누리기 위한 조건을 문제 삼았다. '아는 것'과 '소유하는 것'이 다르듯 행복이 무엇인지를 안다는 것과 그것을 소유하는 것이 하나로 연계될 필요가 있다. 여기에서 착안한 것이 의지(voluntas)이다. 아우구스티누스가 보기에 인간을 행동하도록 이끄는 힘은 의지 이외의 다른 것이 아니다.

사실, 인간은 의지에 의해 행복에 이를 수 있고, 불행해질 수도 있지 않겠는가. 이렇게 보면, 의지는 생의 스타일을 결정하고 궁극적인 선택을 지도하는 도덕의 근거이다. 말하자면, 아우구스티누스의 윤리는 의지의 자유선택에 기초를 두고 있으며, 인간이 본성적으로 행복을 추구한다는 근본명제로부터 인간이 진정한 행복을 의지하는가를 다룬다.

여기에서 놓치지 말아야 할 것이 있다. 아우구스티누스의 의지 개념이 정서적 용어들과 밀접하게 연관되고 있다는 점이다. 그는 때로 영혼의 기능에 관한 설명을 통하여 지성과 구분한다는 의미에서 영혼의 하부작용을 열정(passion)이라 부르기도 했으며 또 다른 부분에서는 영혼의 고차적인 통제기능과 연계시키기도 한다. 한 마디로, 아우구스티누스의 의지 개념은 넓은 의미에서 영혼의 모든 역동적인 활동을 뜻한다. 특별히 인간의 행위를 이끌어가는 영혼의 역동적이면서도 통제적인 활동을 뜻한다.[3]

3) S. Knuuttila, "The Emergence of the Logic of Will in Medieval Thought" in G. B. Matthews(ed.), *The Augustinian Tradition* (Berkeley: Univ. of California Press), p. 209

아우구스티누스에게서 더욱 중요한 대목은 자유의지로부터 '카리타스'로 넘어가는 과정이다. 영혼의 움직임은 의지에 따르는 것이며, 영혼의 움직임을 이끄는 영혼의 중력은 사랑이라는 말로 표현된다. 인간의 행위는 의지에서 비롯된 것이며 그 경향성을 가리켜 사랑이라고 설명한 것이다. 여기에 덕의 개념이 자리한다. 덕이란 인간이 진정으로 의지해야 할 것을 의지하는 것이요 인간이 진정으로 사랑해야 할 것을 사랑하는 것을 말한다.

'카리타스'(caritas)와 '쿠피디타스'(cupiditas)의 개념이 등장하는 것도 이 대목이다. 이 둘은 중립적 의미의 사랑(amor)에서 파생되었다. 바른 사랑과 그릇된 사랑이 구분될 뿐이다. 야스퍼스(K. Jaspers)가 설명한 것처럼, 자유의지의 핵심요소를 사랑이라고 할 수 있다면,[4] 사랑이란 대상을 향유하려는 영혼의 움직임이라 옮겨볼 수 있겠다. 아우구스티누스는 의지와 사랑의 관계를 이렇게 설명한다.

> 행위자의 사랑이 선한 것이라면 그의 열정과 그의 의지 또한 선할 것이다. 만일 그 사랑이 악하다면 열정도 의지도 악한 것이다.[5]

> 나의 무게는 나의 사랑(Pondus meum amor meus), 어디로 이끌든지 그리로 내가 가나이다.[6]

4) K. Jaspers, *Augustin* (München: R. Piper & Co., 1976), p. 51

5) *De civ. Dei 14. 7 recta itaque voluntas est bonus amor et voluntas perversa malus amor.*

6) *Conf.* 13.9

모든 물체에서 그러하듯 모든 영혼에 있어서 영혼으로 하여금 그 본성적인 안식을 찾아 움직이게 하는 무게가 있다. 그것을 가리켜 사랑이라고 할 수 있다. 유의할 대목은 사랑으로서의 의지가 본질상 자유롭다는 점이다. 어떤 대상을 선택하느냐에 따라, 의지가 대상에 대해 어떠한 입장을 취하느냐에 따라 사랑의 질이 결정된다. 아우구스티누스는 의지의 자유를 물체의 운동에 비유하기도 한다.

인간의 의지도 상승의 운동과 하강의 운동을 한다고 본 셈이다. 의지는 영원불변의 대상을 향할 수도 있고, 그것으로부터 등을 돌려 저급하고 한시적인 것들에로 향할 수도 있다. 다른 점이 있다면, 돌의 운동은 자연에 따르는 것이지만, 의지의 움직임은 의도적이라는 점이다. 사랑은 의지에서 비롯한 것이며 도덕적 삶의 근본동기임을 강조한 셈이다.

이렇게 본다면, 아우구스티누스에게 있어서 행복과 불행은 하나의 근원에서 나온다. 의지가 그 원천이다. 의지를 선하게 사용하면 행복에로 이끌어 주는 덕이 될 것이요, 의지의 남용은 악을 초래하는 악덕이 될 것이다. 덕 – 악덕(virtue–vice)의 구조가 만들어지는 셈이다.

이것은 카리타스와 쿠피디타스의 구조이다. 사랑의 주체가 되는 인간이 사랑을 행복의 근원인 하나님을 향한다면 행복이 기약되지만, 그 역은 악에 귀착한다. 사랑의 대상이 저급한 것이면 그 사랑도 저급한 것이 되고 사랑이 최고선을 향하면 거기에 행복이 깃든다. 중요한 것은 사랑이 과연 어느 방향을 향하고 있는가 하는 점이다. 그 방향에 따라 애덕(caritas)과 악덕(cupiditas)이 구분된다.

여기에서, 가치의 위계질서와 영원법이라는 개념을 놓쳐서는 안

된다. 아우구스티누스는 존재하는 모든 것에 대한 가치론적 위계를 상정했다. 이를 효과적으로 설명하는 개념이 바로 질서(ordo)라는 것이다. 모든 것에는 그것의 고유한 자리가 있고 이 질서가 있다.[7] 세계는 질서 잡혀져 있으며(ordinatus) 저급한 것과 영원한 것이 위계적으로 구분된다. 이 질서는 하나님의 창조에서 비롯된다.

하나님은 존재 자체이며, 창조된 사물들은 하나님에 의해 무(無)로부터 존재에로 이끌어져 온 것이므로 하나님과 동등한 존재일 수 없다. 하나님은 개개의 존재자에게 위계적으로 존재를 부여했다. 어떤 피조물에는 더 풍성한 존재를 부여했고 어떤 것에는 더 제한적인 존재를 부여하여 존재의 등급에 따라 존재자들을 정돈했다. 이것이 아우구스티누스의 가치론이다. 이처럼, 질서의 개념은 사랑의 질적 차이를 가늠하는 준거가 된다. 영원법에 의해 정해진 것이다.

이러한 전제로부터 지고의 것과 저급한 것, 육체적인 것과 영적인 것, 더 사랑해야 할 것과 덜 사랑해야 할 것이 구분된다. 아우구스티누스는 이것을 향유하기 위한 것과 사용하기 위한 것으로 구분한다. 향유한다(frui)는 것은 그것 자체를 위하여 사랑하는 것을 말하고, 사용한다(uti)는 것은 보다 더 상위의 목적을 위한 수단적 사랑이다.[8] 향유한다는 것은 더 이상의 목적이 없는 최고선에 대한 사랑에 직결되고 사용한다는 것은 잠정적인 것에 대한 집착이 아닌 사랑을 통해 최고선에 이르려는 수단으로서의 사랑을 의미한다.

7) *De lib. arbit.* 2. 19

8) *De doc. christ.* 1. 4

아우구스티누스가 보기에, 진정으로 향유해야 할 대상은 최고선인 하나님뿐이며 그 밖의 대상들은 하나님에 대한 사랑, 즉 최고선에 이르기 위한 수단이다. 물론, 피조물 자체는 하나님의 피조물이라는 점에서 좋은 것이지만, 인간은 그것을 바르게 사랑할 수 있고 무질서하게 사랑할 수도 있다. 피조물을 존재의 계층을 따라 분수에 맞게 사랑하면 바른 사랑이요, 역으로 분수에 맞지 않게 사랑하면 사랑의 왜곡을 낳는다.

사랑의 질서가 왜곡된다는 것은 향유해야 할 대상을 망각하거나 무시한 채, 사용해야 할 대상을 향유하려는 것을 뜻한다. 향유해야 할 대상을 향유하고 사용해야 할 대상은 사용하는 것을 질서 잡힌 사랑, 혹은 바른 사랑이라 할 수 있다. 그 반대의 경우, 즉 질서를 망각하고 사용의 대상인 시간적이고 가변적인 것들에 집착함으로써 행복해지려는 것은 왜곡된 사랑이다.

다른 말로 하면, 바르게 사랑하는 것은 온전한 사랑이요, 그렇지 못한 사랑은 온전하지 못한 사랑이다. 바르게 사랑한다는 것은 카리타스로 표현되었고, 그 역이 쿠피디타스이다. 이처럼, 카리타스와 쿠피디타스는 무엇인가에 대한 사랑이다. 대상이 다를 뿐이다. 영원한 것과 한시적인 것, 상실되지 않는 것과 상실되는 것 사이의 다름이 그것이다.[9)]

9) William, S. Babcock, "The Early Augustine on Love and Human Fulfillment" in W. S. Babcock(ed), *The Ethics of St. Augustine*, pp. 58–60

Splendid vices, 화려한 악덕

아우구스티누스에게서 '덕'은 바른 사랑과 왜곡된 사랑으로 재해석되었다. 바른 사랑은 하나님을 향한 사랑(amor Dei)이며, 자기 사랑(amor sui)과 세상 사랑(amor mundi)은 왜곡된 사랑이다. 질서 있는 사랑의 덕을 통해서만 인간은 진정한 행복에 나아갈 수 있으며, 향유할 것을 사용한다거나 혹은 무시하는 것은 어리석음인 동시에 참된 행복에 이르지 못하게 하는 불행이다. 인간의 난제는 모든 것을 사랑하되 그 대상이 되는 것들을 준별하여야 한다는 점이다. 따라서 덕스러운 사람은 사랑의 질서를 아는 사람이다. 단적으로, 아우구스티누스는 덕이란 사랑의 질서라고 한다.

다시 말해, 질서 있게 사랑할 수 있는 능력이 덕이다. 이런 뜻에서, 사랑의 질서(ordo amoris)라 할 수 있겠다.[10] 덕스러운 사람이란 '사물을 그 진정한 가치에서 평가하는 사람'이다. 그는 질서 있는 사랑을 지닌 자이며 사랑하지 말 것을 사랑하는 일이 없고 사랑하여야 할 것을 사랑하지 못하게 하지 않으며, 덜 사랑해야 할 것과 더 사랑해야 할 것 그리고 동등하게 사랑해야 할 것을 구분하는 자이다.

또한 카리타스는 고전적인 덕을 변형시키는 사랑이다. 모든 덕은 사랑의 덕에 수렴되고 사랑의 덕은 인간을 평가하는 준거이다. 모든 덕은 그것들을 영원법의 규정에 따라 정의로운 목적을 향하여 방향지우는 사랑 안에서 하나인 셈이다. 아우구스티누스에게 있어서 도덕의 중심관념

10) R. A. Markus, Marius and Victorinus and Augustine. in A. H. Armstrong(ed.), *The Cambridge History of Later Greek and Early Medieval Philosophy* (Cambridge: Cambridge Univ. Press, 1970), p. 386

은 카리타스이며, 마땅히 사랑해야 할 것을 사랑하는 사랑이다. 카리타스의 덕만이 인간으로 하여금 행복에 이르게 하는 유일한 덕이라는 것이 아우구스티누스의 요점인 셈이다.

이러한 기초에서, 로마가 자랑하는 모든 덕스러움이 재평가된다. 아우구스티누스에 따르면, 로마가 그토록 자랑하는 용기와 관용의 덕성은 온전하지 못하다. 그들이 그토록 덕의 기초 위에 수립된 국가라고 자랑하지만, 알고 보면 제대로 된 덕이 아니다. 로마가 비록 다른 정치공동체들에 비해 덕이라는 요소를 강조한다는 점에서 나은 면이 있기는 하지만, 그래서 하나님께서 로마를 일시적으로 복되게 하시기는 했지만, 본질상 완전하지 못하다. 로마인들이 영원하신 하나님을 신앙하지 않기 때문이다.

참행복의 원천을 알지도 못하고 따르지도 않는다면, 그 어떤 덕성이라도 온전할 수 없다. 로마가 앞세우는 지혜, 용기, 절제, 그리고 정의는 없는 것보다는 낫겠지만 진정한 행복에 이르는 덕이라고는 볼 수 없다. 허세 부리는 것처럼, 겉치레는 요란하지만 진정한 행복에 이르지 못하는 어리석음일 뿐이다.

그는 로마의 위선적 덕성과 기독교의 진정한 덕성을 대비시킨다. 아우구스티누스에 따르면, 로마인들의 덕성은 진정한 미덕이라 할 수 없다. 그들에게는 영원을 향한 위탁도 없으며 그들이 말하는 덕이란 덕스러움을 흉내 내기에 급급한 유사미덕(a quasi-virtue)일 뿐이다.[11] 어떻게 보면 그들의 덕스러움이란 화려한 악덕(splendid vices)에 지나지 않는다.

11) *De civ. Dei* Ⅴ. 12

아우구스티누스가 보기에, 그들이 도덕적인 체 하지만, 로마는 형제의 피 위에 건설된 도시로서, 로마가 추구하는 평화 역시 진정한 평화가 아니다. 오히려 평화는 로마적 의미의 덕성을 통해 이루어지는 것이 아니라 은혜에 있다. 그들이 자랑하는 영웅적 덕성보다 죄의 용서로부터 시작해야 한다. 말하자면, 진정한 평화는 우리를 용서하신 하나님의 은혜를 깨달아야 하고 남을 지배하려는 권력욕을 포기할 때 이루어진다.[12)]

이러한 의미에서 기독교가 말하는 겸손의 덕목은 로마가 말하는 위선과 다르다. 겸손은 하나님의 도성에서 최고의 찬사를 받는 덕목이요, 순례자의 길을 가는 동안 하나님의 도성을 보여주는 덕목이다. 아우구스티누스가 말하는 이러한 관점들은 일종의 가치혁명이요 윤리적 변혁이라 불러야 할 듯싶다.

'로마의 시민사회'를 넘어 '하나님의 도성'으로

아우구스티누스의 덕 윤리는 바울의 그것을 계승하는 동시에 지평을 확장시킨다. 덕스러움의 내용과 배경을 유심히 살펴보라. 바울이나 아우구스티누스 모두 영원한 하늘의 교회를 꿈꾸었겠지만, 바울이 현실의 교회들을 향하여 덕스러움을 권한 것과 달리 아우구스티누스는 하나님의 도성(civitas Dei)을 배경으로 삼는다.

바울의 관점이 제한적이었다는 뜻이 아니다. 바울에게서 비롯된

12) S. Hauerwas, *The Peaceable Kingdom : A Primer in Christian Ethics* (Univ. of Notre Dame Press, 1983), p. 89

공동체적 윤리와 덕스러움의 지평이 확장되어 하나님의 도성을 향한 순례자들을 위한 덕의 윤리로 격상되고 있는 것이다. 아우구스티누스에게 주목하는 이유가 여기 있다. 바울의 권면, 고린도교회를 향하여 덕을 세우도록 하라고 했던 그의 공동체윤리와 덕스러움의 교훈이 아우구스티누스에 의해 보다 분명한 근거에서 설명되고 있는 셈이다.

유념해야 할 것은 아우구스티누스가 덕의 지평을 로마의 기준에서 영원한 교회, 하나님의 도성으로 확장시켰다는 점이다. 행복의 원천이신 하나님을 알지 못하고 하나님을 신앙하지 않는 로마인들의 덕을 '화려한 악덕'이라고 평가할 수 있었던 자신감, 그것이 중요하다.

신앙인의 덕은 로마가 표방하는 정치공동체에 국한되는 것도 아니고, 혹은 로마의 시민사회가 칭송해 마지않는 시민적 덕에 비해 열등한 것도 아니라는 확신, 정말 중요한 대목이다. 신앙인은 세상에 살지만 세상에 속한 존재가 아니기에, 그들의 윤리적 비전과 가치관은 세상에 종속되지도 않으며 세상보다 못한 것일 수 없다. 그들은 영원한 행복의 원천이신 하나님을 신앙하는 자들이기에, 그들이 누릴 행복은 시민적 행복을 초월한다.

말하자면, 아우구스티누스의 덕 윤리는 '로마의 시민사회'를 넘어 '하나님의 도성'을 배경으로 하는 탁월한 교훈이다. 동시에 그것은 로마가 추종하는 덕스러움이 종언을 고하고 한계에 직면할 때, 탁월한 대안으로 제시될 수 있는 진정한 덕성의 비전임에 틀림없다.

굳이 바울적 표현을 응용하자면, 아우구스티누스의 덕 윤리에 있어서 '덕을 세우는' 것은 하나님의 도성을 향한 순례자들이 예배공동체로서의 교회를 통해 복음의 길, 순례자의 길을 걸어가는 것이라고 옮겨볼 수 있겠다. 교회는 신앙인들의 순례적 공동체이며 하나님의 도성을 향한 예배의 공동체이자 말씀의 공동체라는 뜻이다.

이것은 단순한 비교우위를 주장하는 논리가 아니다. 아우구스티누스가 로마의 시민사회에 기독교를 탁월한 대안으로 보여 주고자 했던 것처럼, 오늘의 시민사회를 향하여 복음적 삶이라는 탁월한 덕스러움을 보여 주어야 한다는 책임의식의 표현이다. 바로 여기에 교회의 윤리적 가능성과 희망이 둥지를 틀어야 할 것 같다.

아우구스티누스에게서 교회는 로마 시민의 덕성을 넘어서는 탁월하고 진정한 덕의 훈련장이며 실천현장이다. 아우구스티누스에 따르면, 인간이 추구하는 진정한 평화 또는 안식은 유한한 가변성의 영역인 현세에서 이룰 수 없다. 시간과 영원의 구도에서 볼 때, 인간은 영원하신 하나님에게서 진정한 평화와 안식을 누리게 될 것이다. 실로 우리의 마음은 하나님 안에서 평화를 찾을 때까지 안식이 없다.[13)]

그리스도인은 이러한 참된 행복 또는 영원한 삶의 평화를 향하여 나아가는 순례자라 할 수 있다. 그리고 예수 그리스도를 통하여 은혜를 입어 하나님을 향하여 나아갈 수 있는 곳이 바로 교회이다. 이러한 의미에서 교회는 실존적 결핍의 존재로서의 인간이 하나님의 도성에서 누릴 영원한 평화와 안식을 추구하는 은혜의 공동체인 셈이다. 하나님의 은혜로 세워진 공동체이며 은혜가 소통되는 곳이라는 뜻이다.

이렇게 본다면, 아우구스티누스의 교회는 하나님의 도성을 향한

---

13) *Conf.* I . 1

순례자들의 덕성을 함양시키는 윤리적 공동체이기도 하다. 또는 훈련장이다. 그에 따르면, 교회란 일시적이고 가시적인 이 땅에서 영원한 불가시적 하나님 나라로 성도들이 들어갈 수 있도록 가르치고 훈육하는 곳이다.[14)]

순례자들은 교회 안에서 지혜의 정신을 밝혀 주고 경건의 마음을 강화시켜 주는 은혜를 힘입는다. 그리하여 평화라는 궁극적 선을 향하여 순례자의 삶을 살아간다. 말하자면, 교회는 순례적 삶의 중심으로서 하나님을 향한 진실된 예배를 드리고 믿음, 소망, 사랑의 덕성을 함양하고 구현하는 곳이다.

이러한 덕의 진정한 완성에 관한 아우구스티누스의 언급들은 하나님의 도성을 향한 순례자 공동체로서의 교회 인식의 요점이다. 더욱이 덕의 원천에 관한 생각도 로마인들의 그것과 다르다. 로마인들이 그토록 앞세우는 덕스러움이란 인간에 의해 완성되는 것이 아니라 하나님에 의해 주어진다. 말하자면, 덕성 함양 자체가 은혜에 의해 가능하다는 것이다. 이러한 의미에서, 아우구스티누스가 말하는 교회의 도덕은 은혜중심성에 있으며, 교회는 은혜에 의한 덕성 함양의 공동체라 하겠다.

오늘의 교회를 위한 사랑의 덕

두말할 필요도 없이 기독교 최고의 덕은 사랑이다. 아가페는 모든

14) *De civ. Dei* X. 14

덕의 원천이며 교회에 없어서는 안 될 최고의 덕목이다. 바울이 말한 것처럼, '믿음, 소망, 사랑, 이 세 가지는 항상 있을 것인데 그 중의 제일은 사랑'이며,(고전13:13) 덕을 세우는 모든 것은 아가페를 위한 것이어야 마땅하다. 사랑의 덕은 교회를 위한 공동체적 행동양식의 본질이자 목적이며 윤리적 행위를 넘어 예배와 경건을 비롯한 교회 안의 모든 일에 적용되어야 할 절대가치이다. 바울은 말한다. '그런즉 형제들아 어찌할까. 너희가 모일 때에 각각 찬송시도 있으며 가르치는 말씀도 있으며 계시도 있으며 방언도 있으며 통역함도 있나니 모든 것을 덕을 세우기 위하여 하라.'

그렇다면, 바울이 말한 '덕을 세우도록 하라'는 교훈의 아우구스티누스적 버전을 무엇이라 하면 좋을까? 우리는 특히 아우구스티누스가 제안한 가치관의 변혁에 주목해야 한다. 신앙인은 진정한 행복의 원천이신 하나님을 바라보는 자요, 하나님의 은혜에 의해 사는 존재임을 기억해야 한다는 뜻이다. 덕스러운 삶을 살게 하는 능력 역시 다른 데 있지 않다. 오직 주의 은혜로 덕스러움이 가능할 것이다. 그러므로 신앙인의 윤리는 은혜에 기초한 윤리이어야 하며 교회 안에서 영원한 하나님의 도성을 향한 순례자로서의 덕성을 함양하는 일에 최선을 다하는 것, 그것이 중요하다.

안타깝게도, 이러한 교회의 은혜중심성은 쉽게 실천되지 못해왔다. 아우구스티누스의 시대에도 별 차이가 없었던 듯싶다. 그가 진단한 당시의 교회는 건강하지 못한 모습, 도덕적 병약함의 증세를 보이고 있었다.

아우구스티누스의 안타까움은 그의 설교 몇 구절만 보아도 쉽게 짐작할 수 있다. '교회에 선한 자와 위선자가 섞여 있습니다. 이 세상 순례길 가는 동안 어쩔 수 없는 일입니다.'[15] '열광적으로 교회를 칭송하던 사람도 교회 안에 선과 악이 섞여 있음을 몰랐다면, 교회 안에 들어와 실상을 알고 나서 환멸을 맛보게 될 것입니다.'[16] '예수를 찾지만 현세적인 이익을 얻을 생각으로 오는 사람이 얼마나 많은지요! 사업을 벌인답시고 목회자에게 도움을 청하러 오는 사람도 있습니다. 권력자에게 쫓겨 교회당에 피신하기도 합니다. 고위공무원을 만날 연줄을 찾기 위해 오기도 합니다. 교회는 이런 사람들로 북새통입니다.'[17]

그리고 이런 안타까움도 말한다. '교회에 거짓 맹세하는 이들과 배반자들과 범죄인들과 미신을 믿는 이들과 간음을 하는 이들과 술고래들과 대금업자와 사기꾼 등 이외에도 여러 가지 악덕을 저지른 이들도 들어 있습니다.'[18] 이처럼, 교회를 극진히 사랑하는 아우구스티누스가 보기에도 안타까움이 절로 느껴지는 현실이었던 듯싶다.

과연, 오늘의 교회는 어떤가? 현대사회의 다양한 도덕적 문제들이 교회에까지 그대로 전염되고 있다. 교회 안에 침투한 소비지상주의, 기복주의는 물론이고 권위주의적이고 율법주의적인 모습들이 우리를 실망시키고 있다. 아우구스티누스의 관점대로 하자면, 하나님의 도성에 이르기 전까지 지상의 도성에 있는 교회들에 나타나는 현실적인 아쉬움이다. 마지막에 밀과 가라지를 나누실 그날까지 불가피한 현상일지 모른다.

분명히, 교회가 탁월한 윤리의 공동체가 되어야 마땅하건만, 교회

15) *De doc. christ.* Ⅲ. 32

16) *Com. Salm.* XCIX. 12

17) In Ioan Evan. XI. 10

18) In Ep. Ioan. Ⅲ. 9

의 현실이 그리 간단하지 않다. 그렇다면, 교회의 윤리적 성숙은 도무지 기대할 수 없다는 것인가? 그렇지 않다. 교회는 윤리적일 수 있다. 아니, 교회는 윤리적이어야 한다. 갈등하는 교회에서, 신앙인은 여전히 하나님의 도성을 향한 순례자로서의 자기정체성을 놓치지 말아야 하며 교회공동체 소중히 여기는 자로 살아야 마땅하다. 신앙인의 진정한 완성은 지상의 도성에 있지 않고 영원한 하나님의 도성에 있기 때문이다.

우리가 덕스러움을 말하는 과정에서 아우구스티누스에 주목하는 이유가 여럿 있지만 그중에 놓치지 말아야 할 것이 있다. 교회와 신앙인들이 진정으로 사랑해야 할 것과 그렇지 않은 것들을 바르게 분별하는 덕스러움을 가져야 한다는 인식, 바로 그것이다. 교회가 올바른 사랑의 질서를 회복하고 신앙인이 질서 있는 사랑의 덕을 구비할 때, 기독교는 새로운 윤리적 비전을 얻을 수 있으리라 기대해 본다.

긍휼은 심판을 이기느니라 (약2:13)

교회,
교회답게 복음대로 살라

시민사회 속에서 교회는 무엇이어야 하는가? '섬김'과 '나눔'을 탁월하게 실천하는 '섬기는 리더'(Servant Leader)가 되어야 한다. 하지만, 그것이 전부는 아닐 듯싶다. 주께서 교회를 세우실 때, 복지선교의 사명도 주신 것이 틀림없지만, 그것보다 복음을 위한 공동체로 부르신 것이 우선 아닐까?

또 한 가지, 교회가 사회문제들에 대해 정책을 제시하고 참여하는 것도 중요한 가치를 지닌다. 하지만 교회가 시민적 지탄의 대상이 되는 상황에서는 교회의 목소리가 시민들에게 얼마나 의미 있는 것으로 다가설 수 있을지 아쉬움이 크다.

교회는 교회되어야 한다. 교회의 본질에 충실한 모습을 갖출 때, 교회는 비로소 섬김과 참여를 통해 더욱 의미 있게 다가설 수 있을 것이다. 시민사회와 담을 쌓을 필요는 없겠지만, 우리들의 모습이 먼저 덕스러워야 하지 않겠는가? 덕스럽다는 것은 결국 우리에게 주신 복음대로 사는 모습을 보여 주고 교회로 교회되게 하는 모습을 보여 주자는 뜻으로 해석할 수 있음직하다. 우리는 하우어워스에게서 그 희망의 통찰을 찾을 수 있으리라 기대해 본다.

교회로 교회되게
– 하우어워스

안티시대의 교회와 윤리

바울과 아우구스티누스를 통해 얻은 덕에 관한 통찰은 오늘의 우리에게 무엇을 교훈하는가? 그 문제의식의 릴레이는 현대 기독교윤리학자 하우어워스에게 이어진다. 그의 생각을 응용하자면, 덕의 윤리는 '교회로 교회되게' 하는 일로 이어져야 한다. 분명, 교회의 본질과 사명에 관한 성찰은 신학의 중요한 관심사였으며, 현재와 미래의 교회를 위해 반드시 살펴야 할 주제이다. 하지만, 교회로 교회되게 하는 것이 왜 덕의 윤리와 연계되는 것인지 쉽게 이해할 수 없는 듯 보이기도 한다.

예를 들어 생각해 보자. 특히 한국사회에서 교회는 어떤 의미인가? 구원의 방주를 자부하면서 민족사의 중요한 대목마다 영적 지도력을 발휘해 온 한국교회는 교회 성장의 걸출한 기록들을 남겼으나, 지금 대내외적으로 혹독한 비판에 직면하여 있다. 기독교신앙을 가진 것이 자랑스럽고 행복해야 하건만, '어딘가 잘못된 사람들'로 내몰리는 것은 아닌지 염려스러울 정도이다. 이러한 때에 신앙인을 격려하고 우리 사회에 희망적 비전을 심어 주는 일은 교회공동체가 짊어져야 할 시대적 과제이다.

안타깝게도 여기에는 걸림돌이 있다. 크게 두 가지이다. 하나는 외적요인이고 다른 하나는 내적요인이다. 첫째, 외적요인을 생각해 보자. 한국사회에는 교회에 대한 부정적 이미지가 팽배해 있다. 어떻게 보면, 도를 넘어서고 있다. 교회를 바라보는 눈은 싸늘하다 못해 안티적이다. 기독교신앙인과 교회를 미워하는 지경에 이르고 있는 셈이다.

심지어 교인들마저도 교회를 향한 도덕지수를 높게 주지 않는 형편이다. 대형 교회들이 더 이상 사고나 치지 않았으면 좋겠다는 식으로 냉소적이다. 교회가 수행해 온 아름다운 일들까지 매도되기 쉽다. 돌이켜 보면, 한국교회는 사회가 알아주지 않는 곳에서 사회봉사에 최선을 다해 왔다. 인권문제에 있어서, 다문화가정과 외국인 노동자의 이웃이 되는 일에서 있어서, 그리고 사회 사각지대의 소외된 이웃들을 돌보는 일에 교회만큼 앞장서 헌신해 온 경우도 그리 많지는 않을 듯싶다.

그러나 사회는 교회가 수행해 온 사랑의 실천은 감추어 두고 비윤리적인 집단, 혹은 집단이기주의자들이라는 부끄러운 부분을 부각시켜 따가운 눈총으로 일관하고 있다. 어찌 보면 억울하다. 하기야 예수님 당시에도 오해와 박해에 익숙했던 터에 굳이 억울할 것까지는 없겠지만, 안타까운 것은 분명하다.

도대체 이유가 무엇일까? 사회봉사와 사회참여를 힘쓰고 있음에도 불구하고 교회가 일방적으로 매도당해야 하는 이유를 가늠하기는 쉽지 않다. 더구나 문제가 되는 것은 지독한 댓글로 집요하게 기독교 헐뜯기에 집착하는 안티세력의 비판이 교회혐오로 이어진다는 점이다.

그들의 주장은 교회가 바로서기를 바라는 마음에서 우러난 것이라기보다 비판을 위한 비판, 그리고 무차별적인 기독교 혐오에 이르고 있다. 교회문제에 대한 보도가 나오면, 기다렸다는 듯 부지런히 붙인 지저분한 댓글들에 지독한 안티성향이 넘쳐난다. 물론 일부 안티세력 및 네티즌의 정신건강을 문제 삼아야 하는 것도 사실이지만, 기독교가 집중포화의 대상이 되고 있다는 것은 안타까운 일임에 틀림없다.

둘째로, 내적 요인이 있다. 교회비판이 대안 없는 비판으로 흐르고 있다는 점, 그것이다. 비난과 폭로와 비판이 능사는 아니다. 교회를 위한 쓴소리가 있다는 것은 건강한 현상일 수 있다. 그러나 말 그대로 쓴소리에 그치거나 지나치게 많아지는 것은 옳지 않다. 대안을 주고 비전을 심어 주는 윤리가 세워져야 한다. 기독교윤리가 해야 할 임무는 과연 무엇인가? 사회문제에 대한 윤리적 토론에 가담하여 기독교의 목소리를 내는 것은 실로 중요한 부분이다. 그에 못지않게 교회 안에서 교회를 교회되게 하기 위한 윤리적 실천의 대안을 제시하는 것 역시 중요하다.[1)]

'교회로 교회되게' 하는 노력이 주목받는 대목이 바로 이 부분이다. 현대 시민사회에서, 특히 시민의식이 각성되어 교회에 대한 비판이 설득력을 얻고 안티 기독교세력이 득세하는 우리의 맥락에서, 교회는 시민사

1) 이 부분은 필자의 글 '교회의 재발견 : 부흥운동을 넘어 대안적 윤리공동체로'(기독교사회윤리, 12집, 2006)을 참고할 것.

회와 안티를 향하여 적절한 변증에 최선을 다해야 할 것 같다.

아마도 가장 중요한 변증은 우리의 실천적 변화이리라. 변명 같은 변증이 아니라 복음대로 사는 모습을 보여 주는 것. 그것이야말로 최선의 변증이요 가장 바른 길이다. 무엇보다도, 교회에 대한 윤리적인 관심을 말할 때, 교회의 미래에 관한 비전을 줄 수 있어야 할 것 같다. 여기에, '덕스러움'의 현대적 의의와 실천과제가 담겨 있다. 복음의 사람답게 개인으로서의 신앙인이 덕스럽게 사는 것이란 무엇이며, 은혜공동체인 교회에서 덕을 세우는 것이 무엇인가에 관한 현대적 버전을 찾아야 한다는 절박함을 담고 있는 셈이다.

대안적 공동체로서의 교회

안티와 교회비판이 교회를 옥죄어 오는 시대, 교회는 과연 무엇이어야 하는가? 현대 기독교윤리학자 하우어워스를 응용하자면, 교회는 이런저런 반응들에 휩쓸리기보다 교회 자체로 대안 공동체의 가능성을 보여 주어야 한다. 모범시민이 되는 직접적인 본보기보다 '다름'의 방식으로 바른 길을 보여 주자는 것이다. 말하자면, '시류에 영합하지 않는' '다른' 길을 통해 시민사회의 본보기가 되어야 한다는 뜻이다. 교회는 무언가 새로운 사회윤리를 제안하기보다 그 자체로 사회윤리라고 말한 것도 이와 무관하지 않다.[2)]

2) S. Hauerwas, *The Peaceable Kingdom : A Primer in Christian Ethics* (Univ. of Notre Dame Press, 1983), p. 99

그에 따르면, 교회는 자유주의적 사회공동체에 동화되어 그들에게 제시할 사회윤리의 이론과 틀을 제안하는 정책제안자가 되기보다 교회 그 자체로 사회윤리임을 보여 주어야 한다.[3] 교회가 기독교와 성경의 이름으로 시민사회의 정책보조자 역할을 자임할 것이 아니라 교회 본연의 모습에 충실하자는 뜻일 것 같다. 실제로 하우어워스는 사회에 정책을 제안하고 사회가 잘 운영될 수 있도록 협력하는 것보다 교회가 먼저 교회되어야 한다고 보았다.

이러한 흐름에서 본다면, 하우어워스의 관심사는 사회문제들에 대한 개입이나 정책 참여와는 거리가 멀다. 그의 가장 큰 관심사는 '교회되게' 하는 것이다.[4] 교회에 사회문제 전문가들이 없어서도 아니고 정책능력이 뒤떨어져서도 아니다. 교회가 사회에 줄 수 있는 여러 가능성들이 풍요롭게 내재되어 있겠지만, 그 모든 것에 앞서서 혹은 그 모든 것보다 핵심이 되는 것은 교회다운 교회를 세워가는 일이라는 생각일 듯싶다.

사회로부터 격리되자는 뜻이 아니다. 오히려 교회의 윤리적 가능성에 대한 확신에서 우러나온 말일 것 같다. 교회가 교회되면 시민사회가 교회를 본받게 될 것이라는 굉장한 신념을 표현하고 있는 듯싶다. 특히 폭력과 소비적 욕망에 찌든 세상문화의 대안이 되어야 한다는 그의 생각은 교회의 윤리적 능력에 대한 자신감의 표현처럼 보이기도 한다.

예를 들어 보자. 하우어워스가 강조하는 평화의 실천이 그것이다. 그는 신앙인의 모습을 설명하면서 예수께서 십자가를 지신 평화의 비전

---

3) *op. cit.*

4) *Ibid.*, p. 100

을 구현하는 사람이 되어야 한다는 점을 반복적으로 강조한다. 그 자신이 미국의 이라크 전쟁에 대한 반대의견을 공공연히 표현했던 것처럼, 하우어워스는 교회가 전쟁에 대한 분명한 반대와 평화의 길을 제시해 주는 공동체가 되어야 한다고 확신하고 있다. 전쟁의 위험이 상존하고 폭력으로 얼룩진 시민사회를 향하여 교회는 비폭력의 평화를 대안 또는 탁월한 삶의 방식으로 보여 주어야 한다는 주장인 셈이다.

그가 보기에, 교회란 당신의 십자가 죽음을 통해 본보기를 보여 주신 예수 그리스도의 이야기에 근거한 공동체이기 때문이다. 물론, 반전·반핵, 무저항·비폭력만으로 예수께서 십자가 지신 사건을 설명하기에는 턱없이 부족하다. 하지만, 하우어워스의 관점은 교회와 복음에 대한 자신감과 교회의 윤리적 가능성을 보여 주었다는 점에서 중요한 의의가 있다.

하우어와스의 이러한 주장의 배경에는 아마도 미국의 교회들이 자유주의 정신에 동화되어 교회됨의 정체성을 상실하고 있다는 생각이 들어 있는 듯싶다. 일찍이 니버(R. Niebuhr)를 비롯한 사회윤리학자들이 기독교현실주의를 앞세워 미국정부의 정책에 직접 혹은 간접적으로 참여하고 의견을 제시했던 것과는 다른 길을 가야 한다는 뜻일 것 같다.

하우어워스가 보기에 교회는 자유주의적 사회에 동화될 것이 아니라 복음에 입각한 독특하고도 탁월한 삶의 방식을 보여 주어야 한다. 이러한 뜻에서 그가 말하는 슬로건, '교회로 교회되게' 하는 것은 교회로 하여금 다른 길의 제시 혹은 대안이 되자는 권유일 수 있다. 마치 맥킨타이어를 비롯한 현대적 덕 윤리에 속하는 학자들이 자유주의적 관점을 벗어나 공동체적 대안으로 덕의 윤리를 말하는 것과 일맥상통하는 것 같다.

흥미로운 것은, 이처럼 교회에 대한 하우어워스의 이야기가 덕의 윤리에 맞닿아 있다는 점이다. 그것도 맥킨타이어에게 직접적으로 연계되어, 마치 현대 덕 윤리의 기독교 버전을 보는 것 같은 인상을 준다. 그의 듀크대학 동료이자 공동체주의의 대표격에 해당하는 맥킨타이어와의 학문적 교류에서 나타난 윤리사상이 공동체주의적 특성으로 나타나고 있는 셈이다. 이 점에서, 하우어워스의 윤리를 덕 윤리의 현대적 재론에서 기독교적 버전을 찾는 작업이라고 말해도 지나치지 않을 듯싶다.

하우어워스가 역사와 전승, 그리고 공동체를 고려하지 않는, 무연고적 자아의 자유를 강조하는 자유주의자들의 관점을 거부하는 것 역시 마찬가지이다. 여러 측면에서 하우어워스는 교회를 설명할 때 보여 준 태도들은 현대 덕 윤리의 흔적을 고스란히 간직하는 것이라 할 수 있겠다.

이를테면, 교회가 지니는 복음적 전통과 공동체적 맥락을 강조하는 것도 마찬가지이다. 성품의 중요성을 강조하는 대목에서도 현대 덕 윤리와의 연관성은 쉽게 짐작할 수 있다. 그는 무엇을 해야 하는가?(what ought I to do?)의 문제, 즉 전통적 의무론의 관점을 넘어선다. 어떤 존재가 되어야 하는가?(what ought I to be)를 문제 삼아야 한다고 보았던 셈이다.

이 과정에서 하우어워스는 교회를 공동체윤리의 터전으로 상정한다. 말하자면, 복음에 기초한 교회공동체의 윤리적 관심을 강조한 것이다. 우리가 하우어워스에 주목해야 할 이유가 여기 있다. 바울과 아우구스티누스를 통해 이어온 덕의 윤리에 관한 기독교적 전통이 하우어워스에게서 새로운 해석으로 나타나고 있는 셈이다. 다만 그가 직접적으로 바울과 아우구스티누스를 위시한 기독교적 덕의 전통을 언급하지 않았을 뿐, 그의 문제의식과 관점은 덕에 관한 기독교적 전통을 관통하고 있음에 틀림없다.

교회, 복음적 덕성 함양의 공동체

교회론적 윤리라는 별명을 가진 하우어워스의 윤리에는 교회에 대한 강조가 두드러진다. 그의 윤리는 교회에 대한 사랑에 흠뻑 젖어 있다. 그는 교회를 독창적인 기독교적 이야기의 담지자로 보았다.[5] 교회는 기독교적인 덕의 터전(locus)이며 이와 관련된 가장 중요한 공동체라는 것이다.[6] 전형적인 덕 윤리의 특성을 지니고 있는 셈이다.

어떻게 보면, 현대도덕철학자들의 덕에 관한 재론을 성경적 관점에서 재해석한 것으로 볼 수 있겠다. 하우어워스의 이러한 특성들을 '교회의존적'(church-dependent)이라고 보는 것은 매우 절적한 표현인 것 같다.[7] '모든 윤리적 응답은 교회에서 시작된다'는 그의 주장은 이러한 생각의 단면을 제대로 보여주는 대목이다.[8]

하우어워스의 교회중심적 관점은 기독교윤리의 개념에서도 나타난다. 그에 따르면, 기독교윤리란 신앙인들로 하여금 세상을 바르게 볼

5) R. Gill, *Churchgoing and Christian Ethics* (Cambridge Univ. Press, 1999), p. 18

6) *Ibid.*, p. 15

7) S. Hauerwas, & W. Willimon, 김기철 역, 『하나님의 나그네 된 백성』(복 있는 사람, 2008), 106면

8) 같은 책, 123면

수 있게 하는 비전이다. 그리고 이러한 비전은 교회 공동체 안에서 형성된 이야기라는 점에서 교회를 중심으로 하는 공동체주의적 요소를 분명하게 드러내고 있다.

그에 따르면, 복음의 이야기에 의해 형성된 교회 공동체의 이야기는 신앙인들에게 세상에 대한 비전을 제공한다는 것이다. 다른 측면에서 설명하자면, 예수 그리스도의 이야기를 따르고 구현한다는 의미에서, 교회는 윤리적 특성을 가진 공동체라 할 수 있겠다. 좀 더 적극적으로 해석해 보자면, 교회는 복음에 입각한 덕성 함양의 공동체가 되어야 한다는 뜻으로 옮길 수 있겠다. 혹은 교회가 세상 속에서 하나님의 진리를 증거하기에 충분한 덕을 지닌 사람들의 공동체가 되어야 한다는 뜻이다.

이처럼, 교회와 공동체윤리, 혹은 덕의 윤리를 연관시키면서 하우어워스는 교회의 공동체적 독특성을 놓치지 않는다. 교회다운 교회는 어떤 곳인가? 하우어워스에 따르면, 성례전이 행해지고 복음이 선포되는 곳이 교회라고 할 수 있다. 이는 종교개혁자들의 관점과 크게 다르지 않다.

하우어워스에게서 우리가 주목해야 하는 것은 교회를 말할 때, '윤리' 혹은 '복음적 삶'의 중요성을 강조한다는 점이다. 그에 따르면, 교회를 교회로 알게 하는 표식이 있다. 성례(sacraments)가 이루어지고 말씀이 선포되는 곳이다. 여기에 한 가지 강조점이 추가된다. 올바른 삶(upright lives)의 모습이 있는 곳이라는 주장이 그것이다.[9] 교회가 덕성을 함양하여 바른 삶을 이끌어 주는 덕의 공동체인 것은 분명하지만, 그 바탕에 복음대로 살아가는 모습이 강조되어야 한다는 뜻으로 옮기면 좋을 듯싶다.

9) S. Hauerwas, *The Peaceable Kingdom : A Primer in Christian Ethics* (Univ. of Notre Dame Press, 2006), p. 107

하우어워스에 따르면, 교회는 이스라엘과 예수 그리스도를 부르시고 보내신 하나님의 이야기, 즉 복음을 실천적으로 공유해 온 공동체이다.[10] 기독교윤리란 나사렛 예수와 그 길을 신실하게 따름으로 형성된 교회라고 하는 독특한 전통에서 나온다는 것이다. 교회를 복음에 근거한 탁월한 덕성 함양의 공동체로 이해하는 셈이다.

기독교윤리란 무엇인가 묻는다면, 결국 나사렛 예수를 따르고 그의 백성의 되는 일들을 다루는 것이다. 그 이야기와 비전을 이해하지 않고서는 누구도 기독교의 윤리를 바르게 이해할 수 없다. 이러한 뜻에서, 교회가 자유주의적 시민사회에 대안적 공동체가 된다는 것이 무엇인가를 묻는다면, 복음에서 출발해야만 하고 복음에서 답을 찾아야 할 것이다.

이것은 아주 중요한 의미가 있다. 교회가 단순히 공동체를 위한 공동체가 아니라는 것을 보여 준 것이기 때문이다. 교회는 자발적 자원봉사단체도 아니고 시민운동을 위한 베이스캠프도 아니라는 것을 암시해 주는 대목이라는 뜻이다. 아울러 교회가 어떤 모습을 보여야 할 것인지를 단적으로 요약해 주는 대목이기도 하다.

교회는 예수 그리스도라는 진리 위에 세워진 유일한 공동체라는 것, 이것보다 중요한 것은 없다. 더욱이 우리가 누구인지 그리고 세상에 어떤 일이 일어났는지를 우리에게 알려주시는 그분의 이야기를 의지할 때 비로소 참된 공동체가 이룩될 수 있다는 것이다. 하우어워스의 관점은 기독교적 덕의 전통을 현대적 관점에서 재해석해 준 셈이다. 교회가 세상

10) S. Hauerwas, *Christian Existence Today: Essays on Church, World, and Living in Between* (Duke Univ. Press, 1988), p.102

속에서 하나님의 진리를 증거 하기에 충분한 덕을 지닌 사람들의 공동체가 되어야 한다는 것. 그것이 하우어워스의 강조점이다.

예수 네러티브, 복음에 충실하라[11]

하우어워스의 주장에는 이야기공동체에 대한 이해가 배경으로 작용한다. 하우어워스에 따르면, 교회는 예수 네러티브의 공동체이다. 그에 따르면, 인간은 이성에 따라서만 행위하는 존재가 아니라, 이야기하는 존재이다. 하나의 공동체에 통용되는 이야기 속에서 자신을 되돌아보고 성숙시켜 나아가는 존재라는 뜻이다.

교회에는 예수 그리스도의 네러티브가 있고, 그리스도인은 예수 이야기를 따라 삶을 변화시키는 존재라는 주장은 이러한 배경에서 이해되어야 한다. 이처럼 교회는 진리로 충만한 이야기를 알고 있기에 우리는 그 이야기, 즉 성경 속에서 하나님이 우리에게 들려 주셨고 이스라엘과 교회 속에서 이어져 온 이야기의 일부가 된다. 요컨대, 기독교윤리는 기독교의 이야기, 즉 복음에 뿌리를 두고 있다는 것이다. 교회의 윤리를 말하면서, '복음'에 주목하고 있다는 점은 매우 중요한 포인트이다. 그는 복음을 '예수 이야기'(Jesus narrative), '하나님의 이야기'(story of God)라고 표현하기도 한다.

하우어워스에 따르면, 윤리가 모든 신학적 성찰의 첫 자리에 와야

11) 이 부분은 拙著, 『복음대로 사는 윤리』(북코리아, 2009)를 참고하기를 권한다.

하며,[12] 그 윤리란 다름 아닌 복음을 말하고 그대로 사는 방법을 기억하도록 도와주는 도구모음이어야 한다고 보았다. 복음은 우리에게 존재의 방식을 부여하는 이야기로서, 예수 이야기로서의 복음은 우리를 변화시키고 세계를 변화시키는 원동력이기 때문이다.[13]

그래서 하우어워스는 신앙인과 그 공동체인 교회는 성경에 충실해야 함을 강조한다. 교회는 하나님 이야기를 듣고 그 이야기에 충실한 방식으로 살아가는 공동체가 되어야 한다는 것이다.[14] 만일 신앙인으로서의 덕성을 함양하고 인격을 성숙시키고자 한다면, 그것은 다름 아닌 예수 이야기를 통한 것이어야 하고 교회는 복음에 입각한 덕성의 훈련장이 되어야 한다는 뜻이다.

한 마디로, 복음에 충실하자는 것이다. 덕스러움이란 바로 복음에 충실한 삶을 사는 것이요, 교회 안에서 예수 이야기에 충실한 사람으로 훈련시키고 그 훈련을 통해 성숙하자는 뜻이다. 바울이 말한 '덕을 세우는 윤리'의 현대적 요점이 여기 있다.

교회, 복음대로 사는 덕스러움을

하우어워스의 관점은 일종의 소종파적 퇴거라는 비판을 받기도

12) S. Hauerwas, *The Peaceable Kingdom : A Primer in Christian Ethics* (Univ. of Notre Dame Press, 2006), p. 16

13) S. Hauerwas, *Truthfulness and Tragedy* (Univ. of Notre Dame Press, 1977), p. 73

14) S. Hauerwas, *A Community of Character : Toward a Constructive Christian Social Ethics* (Univ. of Notre Dame Press, 1986), p. 1

하지만, 아마도 교회에게 세상으로부터 도피하라고 말한 것은 아닐 터이다. 오히려 세상과 구별되는 윤리적 삶을 통하여 탁월한 삶의 방법을 보여 주어야 한다는 것 아니었을까. 복음에 기초한 교회됨의 구현, 복음대로 사는 삶, 그것이야말로 우리 시대에 필요한 덕스러움이라는 생각을 강조한 것이라 보는 것이 타당할 듯싶다. 이러한 뜻에서, 하우어워스의 관점을 바울의 교훈, 즉 '덕을 세우도록 하라'고 말했던 그 권면의 현대적 버전이라 부르는 것이 지나치지 않아 보인다.

무엇보다 중요한 것은, 교회로 교회되게 하자는 이야기는 하우어워스의 전유물이 아니어야 한다는 점이다. 그것은 한국교회의 문제의식이요, 신앙인의 윤리의식이어야 한다. 때로 교회를 바로 세우기 위해 건전한 비판이 필요할지 모르나, 덕성 함양의 터전으로서 교회공동체에 대한 인식이 중심에 있어야 한다.

더구나 폭로와 비판, 그리고 정죄에 머물러서는 곤란하다. 그것은 자칫 율법주의로 흐르기 쉽다는 점에서 우려할 만한 부분이다. 이제 우리는 한국교회를 위한 윤리적 대안을 찾아야 할 때이다. 특히 교회로 교회되게 하는 윤리적 성찰이 필요하다. 그리고 사회를 향하여 윤리를 외치는 것 못지않게 교회 안에서부터 변화를 모색해야 할 때이다.

이러한 맥락에서, 교회를 진정한 의미에서 윤리공동체로 세우는 것이야말로 한국교회의 부흥을 위한 밑거름이 될 것이다. 교회가 실천적 관심을 가져야 할 부분은 이벤트나 프로그램이 아니다. 교회로 교회되게 하는 노력이다.

이를테면, 교세 위주의 사고방식은 교회의 교회됨에 속하지 않는 일이다. 게다가 교세를 말하는 과정에 상당한 거품이 상존한다는 점 역시 문제임에 틀림없다. 수에 의존하여 교회를 말하는 것은 허위의식을 낳을 수 있고 은혜공동체로서의 교회를 물량주의적으로 왜곡시킬 수 있기 때문이다.

가령, 개신교 인구가 감소했다는 통계청의 종교인구조사 결과에 실망하여 그 신뢰성을 말하기에 앞서 교회에서부터 통계상의 거품을 빼야 할 것이다. 굳이 통계를 말해야 한다면, 재적교인이 얼마쯤 된다고 과시하기를 그치고 출석교인 수를 기준으로 삼는 정직의 회복으로부터 시작해야 할 듯싶다.

우리가 강조하려는 것은 교회에 대한 비난으로는 안 된다는 것이다. 오히려 교회공동체에 윤리적 비전을 심어 주어야 한다. 비난과 정죄로 일관된 안티적 세태에서 신앙인으로서의 자부심을 심어 주고 목회자와 신앙인을 격려하는 윤리적 가능성의 비전을 심어 주어야 한다. 희망과 비전을 가진 교회와 윤리의식을 겸비한 목회자들과 신앙인들을 통해 교회가 세워질 때, 한국교회의 덕스러움이 온전히 구현될 수 있으리라 기대해 본다.

긍휼은 심판을 이기느니라 (약2:13)

Question 3. **WHAT?**

'은혜롭게 하자'?

· '허물기'보다 '세우는' 은혜윤리
· 무엇을 세울 것인가?

‘허물기’보다 ‘세우는’ 은혜윤리

한국은 지금 비판 중

언젠가 들은 이야기에 가슴 아팠던 기억이 있다. 지금 다시 떠올려도 가슴 아픈 이야기임에 틀림없다. 미국 유학을 마치고 대학교수가 된 사람의 무용담이었다. 유학시절 출석하던 한인교회가 너무 형편없는 목회자를 모시고 분쟁을 거듭하는 모습에 격앙되어 자신이 나서서 거들어 주었다는 것이다. 그 ‘형편없는’ 목회자를 몰아내고 갈등하던 교회를 두 쪽 나게 했다는 이야기를 마치 무용담이라도 되는 듯 호탕하게 웃으며 들려 주던 그의 모습 속에서 나를 발견했다. ‘형편없는’ 목회자 그룹에 속해 있는 나 자신을 말이다.

이내 그 사람이 두려워졌다. 그리고 안타까움이 엄습해 왔다. 결국

의협심과 똑똑함으로 교회를 허물어버린 것 아닐까 싶어서 말이다. 어찌 보면, 교회를 추스르고 바른 성숙을 도모하는 일보다 교회를 비판하고 허물어 내는 일이 손쉬운 방법일지도 모르겠다. 그만큼 교회의 병색이 짙고 개선의 여지가 보이지 않는 대목들이 커 보이기 때문일 듯싶다. 그렇다고 한 마디로, 교회를 포기할 수는 없지 않은가. 교회를 허물어 버릴 수는 없지 않겠는가.

그러고 보니, 오늘의 한국사회는 온통 비판 중이다. 유독 안티 – 기독교 분위기가 깊어지고 있다. 인터넷에 도배된 기독교에 대한 비판들 중에는 귀담아 들을 만한 '쓴 소리'도 없지 않지만, 대부분은 난삽하고 즉흥적이며 독설적이어서 역겨울 정도이다.

한편으로, 시민운동이라는 시대적 트렌드에 발맞추어 교회를 시민운동의 대상으로 삼는 경우들이 점차 세(勢)를 더하고 있다. 과연 교회도 시민운동의 영역에 포함되어야 하는지 깊이 생각해 볼 문제이다. 물론, 한국교회가 궁지에 몰리는 이유에 대한 깊은 성찰도 필요한 것도 사실이다. 그러나 비판이 능사는 아니다. 비판만으로는 바른 일이 이루어지지 않는다. 대안을 주어야 하지 않겠는가? 그것도 허물어 내는 대안이 아니라 세워가는 대안 말이다.

요즘같이 '너나 잘 하세요'의 비아냥을 듣는 한국교회가 도덕적 리더십을 상실한 형편에서, 비판의식 있는 사람이라는 명분으로 덩달아서 교회에 대한 비판과 비난과 정죄에 가세하는 것은 과연 어떤 의미일까? 자칫 교회를 '허무는' 일이 되지는 않을까 조바심이 나고 안타까운 마음이 들기도 한다. 자성해야 할 부분이 있는 것도 사실이고, 갱신되어야 할 부분이 있는 것 역시 분명하지만 교회를 허물어 내는 데로 치닫지 않았으면 하는 마음 간절하다.

사실, 비판이 득세하는 사회분위기에서 '세우는' 윤리를 말하는 것은 시대착오적인 일 혹은 보수적인 성향을 가진 것으로 오해받기 딱 좋다. 하지만 어쩌랴. 그것이 교회를 위하는 일이고 성경이 요구하는 것이라면 그렇게 해야 하지 않겠는가. 비판 그 자체를 비판하거나 안티하자는 것이 아니다. 이 시대의 기독교윤리가 율법화될 위험성은 없는지 성찰하고 바른 윤리, 교회를 세우는 윤리를 놓치지 말아야 한다는 점을 말하고 싶은 것이다.

만일, 우리의 윤리의식이 율법화 된다면, 남을 판단하고 정죄하는 일에 능숙해질 것이다. 신앙인의 모습을 행위 중심으로 판단하기 쉽다. 도덕적인 판단을 신앙적 감격에 우선시할 수 있다. 교회를 문제와 사건들로 가득 찬 문제집단으로 보게 되지는 않을까. 자신은 지극히 옳은데, 도무지 옳지 않은 사람들이 너무 많아 보일 때, 스스로 돌아보아야 한다. 혹시 율법화 되고 있는 것은 아닌지 말이다. 어쨌든, 한국은 지금 비판 중이다. 교회에 대한 접근 역시 다를 바 없는 형편이다. 오늘과 같은 시민운동시대의 기독교윤리는 과연 무엇이어야 하는가?

'옳음'과 '좋음'의 균형이 필요하다

현대윤리학의 역사를 조망하는 다양한 관점이 있지만, 시즈윅(H.

Sidzwick)의 설명법은 우리의 윤리적 현황을 조망할 새로운 통찰을 준다. 그는 도덕적 가치가 옳음의 개념과 좋음의 개념이라는 근본적으로 서로 다른 형식에 의존한다고 보았다. 둘 중 어느 가치에 우선성을 주는가에 따라 윤리적 사유가 달라진다고 할 수 있다.

시즈윅에 따르면, 그리스의 윤리학은 좋음을, 근대 윤리학은 옳음을 우선되는 것으로 채택하였다. 이러한 구도를 현대 윤리학에서 자유주의와 공동체주의 윤리학 사이의 논쟁에 적용가능하다는 주장도 있다. 자유주의는 옳음을, 공동체주의는 좋음을 우선되는 가치로 상정하고 있다는 설명법이 그것이다.[1] 이 구분이 자칫 도식화될 우려가 없지 않지만, 우리사회의 윤리적 지형도를 잘 보여 주고 있기 때문이다.

복음에 대해서뿐만 아니라 교회에 대한 윤리적 관점에도 '옳음'을 말하는 것과 '좋음'을 이야기하는 견해차가 있다. 우리 사회의 시민운동 경향에 속하는 기독교단체들의 비판적 성향은 '옳음'을 윤리의 우선되는 가치로 상정하고 있다. 그러나 상대적으로 그 파트너가 되어야 할 '좋음'의 가치를 말하는 윤리에 대한 관심이 빈약해 보인다. 과연 '옳음'과 '좋음'의 조화와 균형은 불가능한 것일까? 비판을 통해 '옳음'을 말하는 것 못지않게 덕성 함양을 통한 '좋음'의 가치를 함양하는 균형 잡힌 윤리의식이 필요하리라 본다.

예를 들어 누군가를 비판하고 무엇인가 폭로해야 의식 있고 개혁적인 사람이라는 등식은 옳지 않다. 비판과 폭로는 한 단면일 뿐, 유일하고 궁극적인 것은 아니다. 더구나 복음적 윤리와 은혜의 윤리를 말하면

1) 이에 관한 자료로, 홍성우, 『자유주의와 공동체주의 윤리학』(선학사, 2005)를 추천하고 싶다.

의식 없는 사람으로 몰아세우는 경향은 참으로 안타까운 일이다. '개혁을 외치는 사람'='의식 있는 사람', '은혜와 덕을 말하는 사람'='비판의식이 없는 사람'이라고 말한다면, 이것처럼 지독한 편견은 없다. 비판을 지향하는 사람이 있다면, 은혜중심성을 말하는 것도 의미 있는 일이라고 인정해야 하지 않을까.

더구나 윤리의 율법화는 극히 경계해야 한다. 예수님 당시에도 비난과 정죄가 난무했고 율법주의자들에 의해 주께서 십자가형에 처해진 바에, 우리 시대라고 해서 다를 것은 없다. 문제는 안티 분위기가 아니라 윤리의 근본동기이다.

예수께서 바리새주의를 비판하신 이유를 깊이 생각할 필요가 있다. 예수께서는 율법을 폐하러 오신 것이 아니라 율법을 온전케 하려 오셨다.(마5:17) 바리새주의자들이 율법 그 자체에 집착하여 율법의 근본정신은 상실하고 정죄하고 힐난하는 데 익숙해진 것은 더 큰 문제였던 셈이다.

이점에서, 비판의 동기와 목적에 문제가 있다. 특히, 교회와 신앙을 시민운동의 대상으로 보려는 것에 대한 깊은 성찰이 필요하다. 시민사회의 발전이라는 시대적 흐름에 발 빠르게 대응하는 부지런함은 평가받을 수 있을지 모르나, 교회를 시민의 것으로 만들려 해서는 안 된다. 교회를 시민적 잣대로 평가하고 비난하고 정죄하는 일이 지속된다면, 결과적으로 교회의 민주화보다 본질의 상실이라는 불행이 초래되고 말 것이다.

교회는 은혜공동체이지 NGO도 아니고 시민적 통제의 대상이 결코 아니다. 사회에 시민적 견제와 균형(check and balance)이 필요한 것은 분명하지만,[2] 교회를 대상으로 삼는 것은 문제가 있다. 교회의 교회됨을 회복하는 것은 마땅하지만, 시민적 통제의 영역으로 내몰아서는 안 된다.

교회에 대한 비판은 시작일 뿐이라고 하는 분들이 즐겨 사용하는 종교개혁 정신이라는 것 역시 마찬가지이다. 교회의 개혁을 말했던 종교개혁은 교회에 대한 시민적 견제를 허용하자는 것이 아니었다. 그것은 교회로 본질을 회복하게 하는 운동이요, 교회로 교회되게 하는 운동이었다는 점을 망각해서는 안 된다.

은혜적 정체성을 회복해야 한다

율법적 윤리의 상대개념을 복음적 윤리라 할 수 있다면, 이는 비난과 정죄의 윤리가 아닌 은혜중심적 윤리일 것이다. 은혜에 기초한 윤리, 은혜중심적 윤리, 은혜주도적 윤리라고 할 수 있겠다. 시민적 비판 못지않게 교회에 덕을 세우는 은혜윤리가 세워져야 한다는 것이 필자의 요점이다. 게다가, 흥미롭게도 은혜윤리는 덕을 세우는 윤리, 복음대로 사는 윤리와 일맥상통한다.

이를 설명하기 위해 몇 가지 도구적 관점들이 동원될 수 있다. 우선, 윤리학의 기본질문을 성찰할 필요가 있다. '왜 도덕적이어야 하는가?'

2) 개인윤리와 사회윤리의 구분을 주장하였던 니버(Reinhold Niebuhr)는 권력정책에 관한 논의에서 집단과 집단의 관계에서 조직화된 힘을 통한 견제와 균형을 주장했던 것은 매우 의미 있는 부분이었다. 그러나 그것은 교회를 대상으로 하는 전략이라기보다 사회윤리를 실천하기 위한 것이었다는 점을 유념해야 한다.

(why be moral?) 몇 가지 이유들이 제시될 수 있지만, 필자는 은혜가 있었기에 윤리적이어야 한다고 말하고 싶다. 기독교윤리의 본질을 한마디로 은혜에 기초한 윤리라고 규정하는 것이다. 이것은 마치 독일어에서 선물(Gabe)과 과제(Aufgabe)가 한 쌍을 이루는 것과 같다. 선물로 주신 은혜의 복음과 구원받은 자의 사명과 임무를 밀접한 연관관계에 있다.

만일 하나님의 뜻을 따라 살기 위해 어떤 사람이 되어야 하는가를 묻는다면, 복음과 은혜에 입각한 덕스러움의 존재가 되는 것이라고 답할 수 있어야 한다. 복음과 은혜에 기초한 덕의 윤리(virtue–ethics based on grace)를 세워야 한다. 이는 윤리학자들 사이에 일고 있는 자아의 윤리적 정체성에 관한 논란을 통해서도 설명될 수 있다.

우리의 윤리적 자아는 합리적 능력을 따라 개인의 자유와 비판의 능력을 거침없이 사용하는 무연고적인 것이 아니다. 현대 자유주의 윤리학자들의 합리성과 자유에 대한 강조를 비판하는 공동체주의 윤리학자들에 따르면, 윤리의 위기는 자아의 무연고성에 관한 주장에서 기인한다. 오히려 자아는 서사적이며 전통을 배경으로 하는 공동체적 존재이며, 자아정체성을 제대로 파악하려면 자아가 속한 공동체와 전통을 보아야 한다는 것이다.

이러한 의미에서, 은혜윤리는 복음에 입각한 자아정체성에 근거를 둔다. 은혜로 인하여 사는 존재라는 자아정체감이 윤리적 실천을 위한 기초가 되어야 한다. 이러한 은혜중심적 윤리는 현대적인 고안도 아니고 새로운 발명도 아니다. 그것은 재발견이다. 은혜의 윤리는 기독교윤리의 본질에 해당하는 것이요 중요한 전통이다. 말하자면, 복음과 은혜의 가치를 재발견하자는 것이다. 복음서를 통해 확인할 수 있는 것처럼, 예수께서는 의인을 부르러 오신 것이 아니라 죄인을 부르러 오신 분이시다.(막2:17)

이 복음이 은혜중심 윤리의 원천이다. 율법적 공로와 윤리적 완전을 기준으로 삼으면 구원받지 못할 죄인을 불러 의인되게 하시는 '은혜로 말미암는 윤리'이다. 은혜윤리의 본질은 바울에게 이어진다. '죄인 중에 내가 괴수니라'(딤전1:15)라고 했던 고백이 그것이다. 혈통적으로, 학문적으로 나무랄 데 없이 준비된 바리새인이었던 그를 죄인의 괴수라고 고백하게 하고 교회를 위해 헌신하게 하신 것은 주의 은혜였다.

바울이 말한 자아인식, 즉 은혜가 필요한 존재라는 윤리적 자아정체성은 아우구스티누스에게 이어지고 종교개혁자들에게 전수되어 우리에게 왔다. 우리가 아는 것처럼, 주의 은혜가 아니면 아우구스티누스는 성자가 될 수 없었을 것이다. 『고백록』에 나타난 그의 죄에 대한 인식과 은혜에 대한 찬양은 은혜적 존재로서의 정체성이 무엇인지를 보여 주는 또 하나의 예가 된다. 종교개혁자 칼빈에게서 은혜는 그의 신학과 신앙의 중심이다. 심지어 은혜는 '불가항력적'이다. 그의 이러한 주장은 오늘날 개혁교회의 핵심이자 본질이라는 것은 누구도 부정할 수 없다.

현대신학자 본훼퍼도 마찬가지일 듯싶다. 물론, 실천에 관한 해석상의 견해차이가 있을지 모르지만, 그 바탕에 은혜중심성이 깔려 있다는 것은 분명하다. 값비싼 은혜를 값없이 주신 주의 부르심을 기억하고 값싼 은혜로 전락시키지 않기 위한 실천적 노력의 중요성을 강조한 핵심은 두말할 나위도 없이 은혜이다. 이외에도 은혜중심성에 관한 많은 주장들은 얼마든지 찾아볼 수 있다. 한 마디로, 기독교윤리의 역사에 있어서 은혜의 가치와 그 실천에 관한 논의는 중요한 전통으로 자리 잡아 왔다. 덕의 윤리 역시 그 중 하나인 셈이다.

바로 이것이 세우는 윤리, 은혜윤리의 요점이다. 새로울 것도 없고 추가할 부분도 없다. 은혜중심성이라는 복음을 재발견하고 그 가치를 회복하는 일이 남았을 뿐이다. 지극히 당연한 은혜중심성을 재발견하게 하며 '옳음'의 주장에 기울어진 기독교윤리를 '좋음'의 흐름과 균형 있게 만들어야 한다. 안타깝게도, 은혜에 기초한 신앙과 윤리는 지극히 당연한 것이기에 그리 새로울 것도 없고, 시민적 비판의 성향에 부합하지 않는다는 이유로, 가볍게 다루어지거나 간과되기 쉽다.

우리는 교회가 시민단체들과 교회 내부 단체들에 의해 비판의 대상이 되는 것을 크게 우려하고 있다. 비판을 받아야 할 만큼 교회의 은혜중심성에 문제가 생겼다는 점에서 안타까운 우려이다. 한편으로, '아직도 비판해야 할 일이 많다'고 했던 누군가의 말처럼 되어서는 곤란하다. 교회의 윤리적 성숙이 시급한 이유가 이것이다.

은혜중심 윤리의 과제

은혜중심의 윤리가 발전되고 심화되기 위해 극복해야 할 과제가 있다. 은혜윤리는 무조건 은혜로 덮어야 하는 것이거나 혹은 무원칙한 것일 수 없다. 더구나 은혜를 위한 것이라는 명분으로 기득권을 보호하는 도구로 전락해서는 안 된다. 은혜윤리는 비판과 정죄, 그리고 갈등과 대럽 이외의 다른 길을 찾으려는 데에서 출발한다는 사실이다. 이러한 의미에서 우리는 크게 두 가지를 성찰할 필요가 있다.

첫째, 은혜윤리를 세우기 위해 권위주의와 집단주의를 극복해야 한다. 교회 안에 혹시라도 이러한 요소가 남아 있다면, 주의 은혜를 통해, 주의 은혜를 위해 극복해야 마땅하다. 은혜윤리는 은혜의 가치와 교회의 소중함에 대해 눈 뜨게 한다.

그러나 은혜중심의 윤리와 권위주의 또는 집단주의는 통하지 않는다. 은사적 카리스마를 통한 권위(Authority)는 필요하지만 그것이 권위주의(Authoritarianism)가 되어서는 안 된다. 권위를 내세워 억압하고 정죄하는 일을 해서도 안 된다. 은혜공동체답게 은혜로운 일처리에 세심한 배려가 요청된다. 특히, 불공정하고 일방적인 일처리와 무례함이 한국의 가부장적 왜곡에 오염되지 않도록 세심한 배려가 요청된다.

더구나 집단주의(Collectivism)로 치닫는 것 역시 곤란하다. 은혜윤리를 교회라는 집단의 이익을 위해 모든 것을 희생하라는 뜻으로 오해해서는 안 된다. 또한 지역사회에 집단이기주의자들의 온상이라는 일그러진 이미지를 심는 것은 은혜윤리의 발전가능성을 가로막는 요소일 수 있다. 오히려 은혜윤리는 그런 일들을 극복하기 위한 대안이요, 교회윤리의 본질로 자리 잡아야 할 것이다.

둘째, 은혜윤리는 교회윤리, 은혜공동체의 윤리로 이어져야 한다. 교회윤리의 방향 설정은 다양하게 다룰 수 있다. 예를 들자면 바울의 권면에서 '덕스럽게 하자'는 표현과 연관지어 덕의 윤리를 검토하는 것도 중요한 의의가 있다. 덕에 관한 성찰은 현대 윤리학에서 활발히 논의되는 관심사로서, 아리스토텔레스 전통을 회복해야 한다고 주장한 맥킨타이어는 큰 관심과 비판을 한몸에 받고 있다. 그는 인간을 이야기하는 존재(a story–telling animal)로 보고 공동체와 전통이라는 배경을 통해 이해할 것을 제안한다. 이에 동조하는 학자들과 반대하는 학자들과 사이에 벌어진 자유주의 – 공동체주의 논쟁은 덕의 윤리의 사회윤리적 지평에 해당한다.

기독교윤리학에서도 덕에 관한 논의가 활발해지고 있다. 하우어워스는 교회공동체를 기독교적 덕의 윤리를 위한 배경으로 삼는다. 그는 역사적 예수에 대한 인식을 바탕으로 교회라는 맥락, 즉 우리가 그분을 사랑하고 예배하는 공동체의 역사에서 보아야 한다고 말하면서 그리스도 안에서 평화의 비전을 실천대안으로 제시한다. 아쉬운 것은 공동체에 대한 이해가 지나치게 교회에 한정되고 있다는 비판에 직면한다는 점이다.

바라기는 하우어워스를 위시하여 덕의 윤리에 관한 기독교적 관심들이 다양하고 활발하게 전개되어 우리의 논의를 더욱 풍요롭게 해주었으면 한다. 은혜윤리의 덕을 세우는 윤리로, 복음대로 사는 윤리로 이어지게 해야 한다는 것은 기독교윤리의 은혜중심성이 개인의 영역에 국한되는 것이 아니기 때문이다.

은혜중심의 윤리는 신앙인 개인으로 하여금 은혜에 기초한 복음적 윤리의식을 가지게 하는 동시에 신앙의 터전인 교회공동체에서도 은혜중심의 윤리를 세우는 데로 발전되어야 마땅하다. 교회는 은혜로 부르심을 받은 자들의 공동체라는 점에서, 교회에서 요구되는 윤리, 신앙인의 공동체윤리 역시 은혜윤리여야 한다. 이러한 의미에서, 은혜윤리는 개인의 윤리에 그치지 않고 교회공동체를 위한 윤리로 승화되고 기독교윤리의 소중한 전통으로 회복되어야 할 본질적 가치에 해당한다고 하겠다.

은혜는 복음적 신앙의 본질이며, 신앙공동체로서의 교회를 교회되게 하는 원동력이라는 점에 이의를 제기할 사람은 없을 것이다. 은혜중심성은 교회를 교회되게 하는 일에 아주 중요한 조건이다. 문제는 너무나 당연하기 때문에 강조할 필요도 없고 되물어야 할 필요도 없다는 생각이다. 기독교윤리의 은혜중심성은 아무리 강조해도 지나치지 않다.

우리의 도덕적 자아정체성은 은혜적 존재이며, 교회가 은혜공동체라는 사실을 강조하는 것은 보수적이거나 의식없는 사람들의 무비판적 견해로 축소되어서는 안 된다. 이제 우리가 해야 할 일은 신앙인의 은혜중심적 자아정체성을 회복시키고 교회의 '복음중심성', '은혜중심성'을 강조하고 교회로 교회되게 하는 실천적 대안을 제시하는 것이다.

'세우는' 은혜윤리를 향하여

허물어 내는 일이 세워가는 일보다 쉬울 수 있다. 마치 건설현장에서 폭파해체 공법으로 헌 건물을 허물어 버리는 것처럼 말이다. 이런 이야기를 할 때마다 현대인의 문화적 특징이라 할 포스트모던주의에서 기존의 종교와 윤리를 거대담론이라고 몰아세우고 억압적인 것들을 해체하자고 말했던 것과 이미지가 중첩되는 것은 어떤 이유일까? 꼭 그렇지만은 않기를 기대해 본다.

요점은 이것이다. 허물기가 능사는 아니지 않은가. 세우는 일 또한 중요하다는 것을 잊지 말아야 한다. 윤리적으로 교회가 허약하고 지탄받는 지경에 이른 것 자체를 숨기고 싶지는 않다. 그렇게 해서도 안 되고, 마땅히 비판받아야 할 것은 비판받아 마땅하다. 그러나 비판으로 그쳐서는 곤란하다. 비판보다는 세워가는 노력, 즉 '건설적인 대안'이 필요한 것은 아닐까.

은혜윤리가 포착한 단초가 바로 이것이다. 비판할 줄 몰라서 비판하지 않는 것도 아니며, 성향 자체가 지나치게 '착하거나' '체제순응적'이어서 교회의 문제들에 관심이 없고 갈등하는 현장에서 뒷걸음질해서 물러나고 싶은 것도 아니다. 교회의 문제가 있다는 것을 몰라서도 아니다. 다만 은혜공동체이기에, 자발적 시민단체가 아닌 부르심의 공동체이기에, 교회를 달리 보는 것뿐이다.

교회를 허물기보다 교회를 세워가자는 것이다. 다른 말로 하자면, 교회로 교회되게 하는 일에 관심을 가져야 한다는 이야기를 하고 싶은 것이다. 교회 안에 말 없는 다수의 심정이 바로 이런 것 아닐까 싶다. 은혜롭게, 덕스럽게, 교회가 세워져 가는 모습을 보고 싶은 것이다. 하지만, 말없는 다수가 항상 옳다는 것은 아니다. 교회의 문제들을 볼 때마다, 혹은 부담스러울 때마다 이 교회 저 교회로 '교회 옮겨 다니기'가 능사는 아니지 않은가. 비판이 능사가 아닌 것과 마찬가지로 말이다.

우리에게 필요한 것은 '교회로 교회되게' 하는 것이다. 문제는 그 방법이다. 비판하는 자들도 교회를 교회되게 하기 위해 비판한다고 말한다. 어쩌면 그들은 말 없는 다수보다 행동적인 성향에 두드러진 경우일지 모른다. 아쉬운 것은 이제까지 지켜본 것처럼 비판을 위한 비판에 그치는 것이 대부분의 경우였다.

'덕을 세우는 윤리'를 말하는 이유가 바로 여기 있다. 교회로 교회되게 하기 위하여 적극적으로 무언가를 해야 한다면, 비판이 전부가 아니라는 점을 말하고 싶은 것이다. 덕을 세우는 일 또한 교회로 교회되게 하는 소중한 통로가 될 수 있다는 생각인 셈이다.

바울처럼, 은혜공동체를 소중히 여기는 배려와 책임의식을 가지는 것이 정말 중요하다. 아우구스티누스처럼, 하나님의 도성을 향한 순례길에서 교회를 통해 예배하고 덕성을 함양함으로써 화려한 악덕을 넘어 진정한 덕으로서의 질서 잡힌 사랑을 구현하는 것, 이 역시 중요하다.

하우어워스처럼, 가장 핵심적인 덕은 복음에 충실하게 사는 모습을 보여 주는 것이라는 확신을 가지고 복음의 사람이 되는 것, 이 또한 너무나 중요하다. 바라기는 이러한 시도들이 교회를 세워가는 원동력이 되고 은혜중심의 윤리를 구현하는 밑거름이 되었으면 한다. 그것이 주께서 원하시는 길이요, 성경의 정신이라 믿고 있기 때문이다.[3)]

긍휼은 심판을 이기느니라 (약2:13)

3) 이 글은 새세대 교회윤리연구소(NICE) 창립 세미나(2006. 6)에서 발표한 글을 수정보완하였다.

무엇을 세울 것인가?

쉽지 않은 이야기

연구실에 걸려온 전화, 바쁘게 무언가를 하고 있던 터라 별 생각 없이 간단히 응대할 요량으로 수화기를 들었다. 아마도 방송칼럼에서 보았던 기억을 더듬어 자신의 신앙고민을 상담할 적임자라고 생각하신 모양이었다. 무인가 신학을 공부하는 한 사람, 그가 어떤 사람인지 너무 잘 알고 있기에 신학을 한다는 것 자체가 납득이 가지 않는다는 것이었다. 교회는 다니지만 열정도 없고 문란한 사생활이 심각한 문제가 되는 사람이, 그것도 통신과정으로 1년 만에 속성으로 목사가 되어 동남아 선교사로 나가 현지인과 새살림 차리겠다고 떠벌리는 그 사람, 정말 아니라는 이야기였다. 그런 신학교를 제재할 방법은 없는지, 그 사람이 목회자가 되면 기독교에 부정적인 이야기가 만들어질 것이 뻔한데, 어떻게 하면 좋겠냐는 하소연이었다.

쉽지 않은 이야기였다. 답하기 쉽지 않을 뿐더러, 내 자신의 모습에서도 쉽지 않은 구석이 있는 것 같아서 말이다. 답을 제대로 주지 못해서인지 여전히 찜찜하고 안타깝다. 바른 목회자, 바른 신학교, 바른 교회, 그리고 바른 신앙인을 세우는 일은 결코 쉽지 않다. 굉장한 기적이 나타나는 것보다 성실하고 열정적인 목회자, 복음에 충실하게 살아가는 신앙인, 사회를 섬기고 이웃에게 복음을 전할 때 거절당하지 않는 교회, 그런 모습들이 우리의 소박한 기대가 아닐까. 막상 이런 이야기를 하는 나 자신부터가 탁월하지 못하기에 안타까움과 아쉬움이 더 크다. 어쩌면, 우리 스스로 교회를 윤리적으로 성숙시킬 설득력도 영향력도 가지고 있지 못해서, 그래서 더 안타까운 것일지 모르겠다.

세운다는 것, 정말 소중하고 가치 있는 일이다. 하지만 교회를 교회되게 하고, 복음대로 사는 사람을 세워가는 일은 결코 쉽지 않다. 세운다는 것, 그것은 교회 안에서 누군가의 체면과 위신을 존중해 주거나 개인의 악행을 덮어 주자는 뜻이 아니다. 덕을 세운다는 명분으로 위계질서를 강조하거나 교회 안에서 재력가와 권력자의 비위를 맞추라고 한다면, 그것이야말로 권위주의 아니겠는가. 세우는 일이 아니라 진정한 세움에 방해가 될 뿐이다. 세움을 명분으로 덕을 왜곡하는 것일 수 있다. 옳지 않을 뿐더러 좋지 않다. 바람직하지도 못하고 바른 일도 결코 아니다.

바른 윤리, 바른 신앙, 바른 교회, 그리고 바른 신앙인을 세우는 일만큼 어려운 것도 없다. 결코 쉽지 않다. 그러나 쉽지 않은 일이라고 포기할 수는 없지 않은가. 주는 오늘도 우리의 변화와 결단을 기다리시기에, 우리 자신부터 바른 신앙인이 되고 복음대로 사는 모습을 위해 힘써야 하지 않겠는가. 쉽지는 않지만 '세워야 할 일'이 있다면 노력해야 마땅하다. '세울 수 있는 일'이라면 더욱 그렇다. 교회를 교회되게 하고 복음대로 사는 신앙인을 세우는 일, 그것은 반드시 '세워야 할 일'인 동시에 주의 은혜를 통해 '세울 수 있는 일'이기에 쉽지 않은 이야기임에도 불구하고 여전히 포기할 수 없는 이야기이다.

탁월함의 '덕'을 세워야

'세워야 하고 세울 수 있는 일'이란 무엇인가? '교회다운 교회', '덕스러운 신앙인'이다. 오늘의 모습과는 다른, 그 무엇에 대한 기대가 담겨 있다. '다르다'는 것은 무엇인가? 분명, '오류'(誤謬)와 '차이'(差異)는 같지 않다. 하지만 우리는 별 생각 없이 섞어서 사용하곤 한다. '틀리다'는 오류 또는 기대에 어긋남을 말한다. '시험에서 몇 문제나 틀렸냐?', '그 사람 영 틀렸어'라고 말하는 경우들이 그렇다. '다르다'고 할 때는 차이가 난다는 뜻이다. 예를 들어, '그 사람은 틀려'가 아니라 '그 사람은 달라(차이가 난다)'라고 말하는 것이 맞다. '그 교회, 뭔가 틀려'라고 말하는 것은 어법상 틀린 말이다. 이렇게 말해야 하는 셈이다. '그 교회, 뭔가 달라.'

다르다는 것에 대해 좀 더 생각해 보자. '다르다'는 말을 '차별성'이라고 말하는 것이 그리 크게 잘못된 것은 아니다. 하지만, '차별'(差別)이라는 말에는 부정적이고 소극적인 의미가 다분하다. 인종차별, 지역차별, 학력차별 등의 단어를 생각해 보면, 대개의 경우 바람직하지 못한 차별 의식을 반영하는 것 같아서 말이다. 차별성이라는 말 대신에 탁월성이라는 말을 쓰면 어떨까? 탁월하다는 말은 보통과는 다른 그 어떤 요소를 가리키는 것이니까. 예를 들어, '그 사람, 어딘가 달라도 달라' 하고 말할 때, 그 사람이 보통사람들과는 다른 탁월한 인격이나 비전, 혹은 사람됨을 가지고 있다는 뜻으로 옮길 수 있지 않을까?

이런 뜻에서, '틀리다'와 '다르다'도 구분해서 사용해야 옳다. 이왕이면 '다르다'의 말뜻을 차별이라는 단어를 포함하는 '차별성'으로 사용할 것이 아니라 '탁월' 또는 '탁월성'으로 쓰는 것이 좋을 듯싶다. 단순하게 '다른' 것이 아니고, '탁월한' 단계에 이르는 것이 더 좋지 않겠는가. 억지스럽게 보일 수 있지만, '다르다'에서 '탁월성'에 대한 이야기를 끌어낸 이유는 기독교윤리의 탁월성을 말하고 싶어서이다. 기독교윤리가 일반인의 도덕과 '다르다'고 말하는 경우에, 복음을 기초로 한다는 특징을 말하는 것으로도 충분하다. 거기에 교회의 '탁월성'을 말할 수 있다면, 얼마나 좋겠는가?

고대 그리스 윤리학에서도 '탁월'에 대한 이야기가 있었다. 덕(德)이라는 말로 옮기는 '아레테'에는 탁월함(excellence)이라는 뜻이 담겨 있다. 이성적 존재로서의 인간이 자신의 능력을 가장 잘 발휘하는 상태를 가리킨다. 그래서 하는 말, 교회의 윤리야말로 탁월성으로서의 '다름'을 가져야 한다. 교회가 사회의 지탄 대상으로 내몰릴 것이 아니라, 탁월한 윤리적 대안일 수 있음을 보여 주어야 하지 않을까? 여기에 우리의 고민이 있다. 과연 우리는 탁월하게 살고 있는가? 교회에 대한 안티와 비판이 극에 달하고 있는 지금이야말로 구원받은 백성답게, '다르게 사는 탁월함'의 특성을 제대로 발휘해야 할 때가 아닐까?[1)]

교회다운 교회 세우기

일찍이 사회학자 뒤르켐(Emile Durkheim)이 말했다는 한 구절이 생각난다. '사회에는 사회 나름의 논리가 있다.' 개인의 영역과는 달리 사회문제를 말할 때는 사회의 법령이나 제도와 같은 구조적 혹은 시스템의 요인들을 고려해야 한다는 뜻인 것 같다. 사회라는 것은 단순히 개인과 개인의 덧셈으로 모인 집단이 아니라는 점에서, 사회에 대한 이해의 지평을 새롭게 해야 한다는 뜻일 것 같다. 사회윤리학의 기원이라고 평가받는 라인홀드 니버가 개인윤리와 사회윤리를 굳이 구분하려 했던 이유도 바로 이런 맥락에 있다. 사회의 구조적 요인에 주목하여 사회문제들 바라보아야 한다는 생각 말이다.

응용해 보자. '교회에는 교회 나름의 논리가 있다.' 우리가 알기로, 교회는 시민사회의 구성요소인 동시에 시민사회를 초월하는 본질적 요소를 지닌다. 그 경계와 구분이 현실적으로는 모호할 수 있으나 교회에는 교회만의 본질이 있다. 복음의 공동체, 구원의 공동체, 그리고 은혜공동체로서의 교회는 다른 그 어느 공동체에서도 찾을 수 없는 '다름'을 가지

1) 새세대 교회윤리연구소 문시영. 『긍휼』 (북코리아, 2007)을 참고하기 바람.

고 있다. 게다가 은혜공동체를 배경으로 한다는 점에서, 생각해 볼 대목이 하나 더 있다. 자유주의-공동체주의 논쟁에서 본 것처럼, 덕의 윤리가 그토록 시민사회에 적용하기 어려운 일이라면, 굳이 옥신각신할 필요가 없다. 교회가 있지 않은가. 교회야말로 덕의 윤리와 공동체적 관심이 적용될 최적의 자리일 듯싶다. 복음에 입각한 덕스러움을 말하고 덕성을 훈련시키는 장소로서의 교회, 그것이 교회에 덕을 세운다는 말과 일맥상통하는 가치가 아닐까?

문제는 교회에 덕스럽지 못한 모습이 없지 않다는 점이다. 혹은 교회가 과연 덕성 함양을 위한 적절한 자리인지를 의심하게 하는 교회의 윤리적 현실에 문제가 있는 셈이다. 돌이켜 보면, 교회가 사회에 선한 영향력을 주고 문화를 주도했던 시절이 분명 있었다.

하지만, 오늘의 교회는 그렇지 못하다. 막강한 재정능력과 여러 형태의 정치적 힘으로 시민 위에 군림하는 권력기관으로 낙인찍히기 쉽다. 목회자들에 대한 평가 역시 후한 편은 아니다. 윤리적으로 문제가 많은 사람들이라고 내몰리기 쉬운 형편이다. 특히 웹2.0시대라고 불리는 때, 매스컴을 비롯한 인터넷 매체들은 경쟁적으로 교회의 잘못을 드러내는 일에 재미를 붙였다. 마치 권력기관의 비리를 찾아내려는 것처럼 경쟁적이다.

교회를 다루는 시사고발 프로그램일수록 시청률도 은근히 높아진다. 매스컴과 인터넷 매체들이 교회의 윤리선생을 자임하기도 한다. '길 잃은 목자'라는 비아냥거림은 윤리적 영향력을 발휘하지 못하는 교회의 현주소를 반영한다. 그 와중에 교회를 고발하고 폭로하는 언론 플레이로

유명세를 얻는 사람들이 생겨나기도 한다.

웹2.0시대를 탓하자는 것이 아니다. 진짜 문제는 교회다. 교회 안에서, 덕을 세우지 못하는 부분들이 분명 있다. 전부가 그런 것도 아니고 그리 많지도 않지만 말이다. 어찌 보면, 안티 기독교세력이 힘을 얻고 교회비판이 득세하는 데에는 나름의 이유가 있는 셈이다. 교회 스스로 빌미를 주고 있다는 점, 그것이 문제라는 것이다. 정말 중요한 길은 교회가 도덕적 탁월성을 보여 주는 것이다.

하지만, 덕스러움을 보여 주는 신앙인들이 그리 많지 않은 것 역시 아쉬운 대목이다. 그렇기에 더 간절하게 기대해 본다. 교회가 탁월한 도덕성으로 무장하면, 교회는 안티와 비판세력의 질책을 넉넉히 감당할 수 있으리라. 시민사회를 향하여 윤리적 영향력과 지도력을 발휘할 수 있으리라. 그것이 우리의 기대요 희망이다.

아우구스티누스가 말한 것처럼, 교회는 하나님의 도성을 향해 가는 영적 순례자들이 신앙과 덕성의 훈련을 받는 곳이어야 한다. 교회를 통해 신앙인들이 영원한 행복의 원천이신 하나님을 향한 사랑의 덕을 훈련받고 영원한 하나님의 나라를 바라보는 덕스러운 신앙인으로 성숙해야 한다.

혹은 하우어워스가 말한 것처럼, 교회는 시민사회가 추종할 수 없을 정도의 탁월한 도덕성을 구비해야 한다. 교회에 아름다운 이야기, 미담(美談)이 넘쳐나야 한다. 교회에는 가장 아름다운 이야기, 즉 예수 그리스도의 복음이 있기 때문이다. 바로 이 복음의 이야기를 통해 교회는 탁

월한 덕성 함양의 공동체가 되어야 마땅하다.[2)]

생각해 보라. 교회가 지역과 시민사회에 선한 사마리아인이 되는 일은 자랑거리도 아니고 공로주의적인 자기만족의 대상도 아니다. 복음으로 부르심을 받은 은혜공동체로서, 교회의 지극히 당연한 몫이다. 지역사회를 섬기는 복지선교나 사회봉사를 비롯한 아름다운 일들을 더욱 열심히 감당해야 할 이유가 여기 있다.

그러나 거기에 안주해서는 안 된다. 교회와 신앙인은 도덕성에 있어서도 사회가 추종할 수 없을 정도의 탁월성을 보여 주어야 마땅하다. 이를 위해 교회는 복음의 공동체로 바로서야 한다. 복음이야말로 교회공동체가 추구할 덕스러움의 절대적 기준이요, 덕스러운 공동체로서의 교회의 기초이기 때문이다.

덕스러운 신앙인 세우기

복음에 입각한 덕성 함양의 공동체, 교회를 세우는 것 못지않게 중요한 '세움'의 대상은 신앙인이다. 교회 안에서 누군가의 체면을 일방적으로 세워 주고 그의 위신을 무조건 세워 주자는 뜻이 아니다. 덕스러운 신앙인이 되면 자연스럽게 세워질 것을 남들에게 억지로 세워달라고 요구할 필요는 없지 않겠는가. 세워 주지 않는다고 흥분할 것도 없고 서운해 할 것도 없다. 나부터 복음 안에, 복음대로 살아간다면 그것으로 족

2) 새세대 교회윤리연구소 문시영, 『복음대로 사는 윤리』 (북코리아, 2009)를 참고하기 바람.

하지 않겠는가.

사실, 교회구성원으로서 신앙인의 행위는 개인의 자유로 그치지 않는다. 공동체적 배경에서 평가되고 교정되어야 한다. 행위에 대한 평가에 개인적 요소와 공동체적 요소가 병행되고 있는 셈이다. 그렇게 보면, '덕이 되지 않는다'는 말은 공동체에 유익이 되지 않는다는 뜻이 더 강할 듯싶다. '덕스럽다'고 하는 경우, 공동체에 유익이 되거나 본받을 만한 행동을 했다는 평가일 수 있다.

이런 뜻에서, 덕의 윤리는 곧 공동체 윤리이다. 복음을 따라 살아야 하는 신앙인들에게 있어서, 덕의 윤리는 개인의 영역을 넘어선다. 덕스러운 신앙인이 된다는 것은 교회를 위한 공동체적 관점에서 평가되어야 한다.

잘 생각해 보면, 덕을 세우는 것은 그리 쉽지도 않고 간단한 일도 아니다. 덕스러움이란 상당한 수준을 요구한다. 교회를 위해 책임의식을 가지는 일, 교회 안에서 다른 구성원을 위해 배려하는 일, 누군가 나를 알아주지 않는다고 감정적으로 응수하기보다 복음적 삶에 초점을 맞추는 일, 이 모든 일들이 복음대로 사는 노력에 속하는 것이라면, 수준 있는 신앙인에게서나 볼 수 있을 듯싶다. 그의 성품이 복음에 의해 훈련되어야 하고 일정한 수준에 올라서야 복음대로 사는 일이 비로소 가능할 것이기 때문이다.

정작 드리고 싶은 말씀은 이것이다. 덕스러운 신앙인을 세우기 위해서는 우리 스스로 덕스러운 사람이어야 한다. 덕스러운 신앙인을 세우는 것, 그것은 누군가 세워 주는 것이 아니라 복음적 신앙인이 되는 데에서 비롯된다. 복음을 소중히 여기는 사람이 되지 않고는 복음대로 살 수 없다.

복음에 대한 열정이 없는 사람은 교회 안에서 복음을 볼 수 없다. 마치 교회의 문제들을 전담하는 검사나 수사관이 되기나 한 것처럼 비판거리를 찾고 털어서 먼지 나게 하려는 사람에게는 복음보다 문제가 보이기 마련이다. 율법만 보일 뿐이다. 단언하건데, 복음을 위한 안타까움을 놓친다면 그 무엇도 의미가 없다. 그 어떤 '옳은' 비판의 소리도 복음적이지 못하다면, 진정한 '옳음'일 수 없다.

한 구절 성경말씀이 떠오른다. 사도행전 11장에 초대교회의 일꾼, 바나바에 관한 기록이 있다. 흩어진 신앙인 그룹 중에 안디옥에 모인 사람들이 성령의 인도하심으로 교회를 세웠을 때, 예루살렘 교회는 특사를 파송한다. 안디옥에 부흥의 역사가 일어났다는 소식 때문이었다. 아마도 어떤 일이 벌어지고 있는지 확인하고 싶었을 것이다. 굳이 감독관이나 감사관이라고는 할 수 없지만, 예루살렘 교회가 안디옥에 파송한 사람은 얼마든지 꼬투리를 잡을 수도 있었고 위세를 부릴 법하다. 절차상의 하자가 있다고, 왜 예루살렘 교회의 지도와 허가를 받지 않고 모이느냐고 다그칠 수도 있겠다.

하지만, 안디옥에 파송된 바나바는 특이한 관점을 가지고 있었다. 그는 안디옥에 도착해서 지적사항이나 율법적 훈계사항을 찾아내지 않았다. 오히려 그는 안디옥 교회에 주시는 하나님의 '은혜'를 보았다.(행 11:23) 안디옥에 복음의 능력이 나타나고 있음을 보았다. 바나바는 '은혜를 보는 사람'이었던 셈이다. 아니 '은혜를 볼 줄 아는 사람'이었다. 율법적으로 따지거나 훈계하기보다 은혜의 소중함을 발견한 인물이었다.

바나바의 관점은 교회에 정말 필요한 것이 무엇인지를 일깨워 준다. 하나님의 '은혜'가 있어야 교회될 수 있으며 교회는 은혜로 세워지는 공동체라는 사실, 바로 그것이다. 교회는 '은혜공동체'이며, 오직 은혜로 인해 교회는 교회될 수 있을 것이다. 깊이 생각해 보아야 할 대목이다. 한 가지 더 있다. 예루살렘 교회의 지도감독 임무를 지고 간 바나바, 그는 어떻게 해서 지적사항이나 율법적 교훈을 넘어 은혜를 볼 수 있었을까?

이 대목에서 주의 말씀이 한 구절 떠오른다. '못된 열매 맺는 좋은 나무가 없고 또 좋은 열매 맺는 못된 나무가 없느니라. 나무는 각각 그 열매로 아나니 가시나무에서 무화과를, 또는 찔레에서 포도를 따지 못하느니라. 선한 사람은 마음에 쌓은 선에서 선을 내고 악한 자는 그 쌓은 악에서 악을 내나니 이는 마음에 가득한 것을 입으로 말함이니라.'(눅6:43~45)

이 말씀을 따라 뜻을 새겨 보면, 은혜를 볼 수 있는 사람은 그 마음에 이미 은혜가 담겨있는 사람 아닐까? 은혜를 은혜로 보는 사람, 은혜로 은혜 되게 하는 사람, 그는 마음에 이미 은혜가 있고 은혜를 사모하는 마음이 쌓여 있기에 가능한 것 아니겠는가? 우리 시대, 우리교회에 덕스러움이 그립고 아쉬운 것은 바나바처럼 은혜를 보는 사람, 덕스러운 신앙인들을 세우고 싶은 마음의 표현이 아닐까?

덕스러운 윤리의식 세우기

냉소적이고 비판적인 흐름이 거세다. 싫어할 권리, 비판할 권리가 시민의 것임은 분명하지만, 어딘지 모를 안타까움이 남는다. 교회와 신앙인을 싫어할 권리가 안티 기독교세력의 근거가 되기도 한다. 그런가하면, 교회와 신앙인에 대한 비판은 윤리적 각성을 촉구하는 것에 그치지 않고 이내 비난과 정죄와 심판으로 치닫기 쉽다.

그 사이에, 교회와 신앙인들도 냉소적이고 비판적인 흐름에 젖어 있다. 복음의 사람된 것이 행복해야 하건만 그렇지 못한 대목이 섞여 있는 우리의 현실이 냉소와 비판을 부추기는 것일지 모른다. 덕스러운 교회 세우기, 덕스러운 신앙인 세우기를 말하는 데에는 이러한 아쉬움과 안타까움이 배어 있다.

문제는, 시민의식이 각성되어 시민적 자유와 권리를 확보하려 애쓰는 마당에 '덕'을 말하고 '덕스럽게 하자'고 말하는 것 자체가 '보수적'인 것으로 내몰리기 쉽다는 점이다. 오늘의 정황에서, '보수적'이라는 말은 일정한 성향을 말하는 객관적 용어가 아니다. 솔직함을 강점으로 한다는 요즘의 용어로 하자면, '수구꼴통'이거나 '구태의연' 혹은 '반민주적'이라는 평가적 용어이기 쉽다. 도무지 문제의식도 없고 시민의식에 반하는 흐름이라고 몰아세우거나 비판받기 딱 좋다. 하지만, 바람직한 사회와 다양성을 확보하기 위해서는 보수와 개혁이 균형을 맞추어야 하는 것 아닐까? 사실, 이런 이야기를 하는 것 자체가 공격대상일 수 있다는 점에서 솔직히, 두렵기도 하다.

그렇다고 성경을 바꿀 수는 없지 않은가? 덕을 세우다의 번역어가 마땅치 않다 해도 결과는 달라지지 않는다. 성경이 추구하는 덕의 윤리와 공동체주의는 달라질 것이 없다. 이 책 첫 부분에서 말했듯, 번역의 문제가 아니라 윤리의 문제임을 잊지 말아야 한다.

우리가 정말 문제 삼아야 할 것이 있다면, '실천'이다. 그것도 '바른' 실천의 문제이다. 다른 것 없다. 복음대로 살지 못했기에 오늘의 안티와 비판에 직면했다는 점, 솔직히 인정해야 한다. 사회변동을 들먹일 필요도 없고 성경 번역의 오류를 거론할 필요도 없다. 복음대로 살면 되는 것이다. 그 실천에 대한 목마름이 있을 뿐이다. '덕을 세우는 윤리'를 말하는 본질적인 이유, 바로 여기 있다.

우리에게 필요한 것은 교회에 대한 냉소와 비판이 아니다. 교회로 교회되게 하는 일, 복음대로 사는 일, 그리고 덕을 세우는 일에 힘을 모아야 한다. 일부 교회와 일부 신앙인들의 잘못을 몰라서가 아니다. 그들에게 면죄부를 주자는 생각은 추호도 없다. 그래서는 안 된다. 덕스러움의 참모습을 교회 안에서 찾을 수 있으리라는 기대를 버리지 말자는 뜻이다. 대충 덮고 넘어가는 것이 아니라 복음대로 사는 모습을 회복하자는 것, 그것이 요점이다.

이런 말씀, 기억하실 것이다. '비판하지 말라 그리하면 너희가 비판을 받지 않을 것이요 정죄하지 말라 그리하면 너희가 정죄를 받지 않을 것이요 용서하라 그리하면 너희가 용서를 받을 것이요',(눅6:37) '너는 네 눈 속에 있는 들보를 보지 못하면서 어찌하여 형제에게 말하기를 형제여 나로 네 눈 속에 있는 티를 빼게 하라 할 수 있느냐 외식하는 자여 먼저

네 눈 속에서 들보를 빼라 그 후에야 네가 밝히 보고 형제의 눈 속에 있는 티를 빼리라.'(눅6:42)

비판에 억지로 재갈을 물리려는 말씀은 아닐 것이다. 적어도 비판하지 말하는 권면이 주의 말씀이라는 점에서, 자질구레하게 장황한 해석으로 궤변을 늘어 놓는 것보다 주의 말씀대로만 할 수 있다면 그 자체로 의미가 있는 일 아닐까?

이쯤에서, 은혜와 덕의 호환성을 생각해 봄직하다. 덕스러운 신앙인은 은혜를 보는 사람이 아닐까. 복음에 충실한 사람이며 복음대로 살고자 하는 사람이기에 은혜공동체를 위한 덕스러움을 제대로 구현할 수 있는 것 아닐까. 한 마디로, 은혜의 윤리는 덕의 윤리, 특히 '덕을 세우는 윤리'와 흐름을 같이 한다. 말하자면, 은혜윤리는 은혜의 사람이어야 바로 볼 수 있다.[3)]

율법에 찌들어 있는 사람은 은혜를 볼 수 없다. 은혜를 은혜로 볼 수 없을 뿐더러 은혜를 율법으로 전락시킬 가능성이 크다. 은혜로 시작한 신앙을 율법으로 전락시키는 것은 왜곡이요 변질이며 옳지 않은 일임에 틀림없다. 덕스러움의 윤리 역시 덕스러운 사람에게 제대로 보인다. 안디옥 교회에 파견되어 '은혜를 보는 사람', 바나바처럼 말이다.

교회의 윤리, 멀리 가서 찾을 필요 없다. 복음 안에 이미 충만하다. 우리의 인식과 관점이 문제일 뿐이다. 은혜중심의 관점을 회복해야 한다. 비판과 정죄와 심판의 율법적 관점으로는 덕스러움을 말할 수도 없고, 그 참 뜻을 알 수 없다. 은혜의 관점에서 볼 때, 은혜적 세계관을 바탕으로

3) 새세대 교회윤리연구소 문시영, 『은혜윤리』(ELC 미디어, 2006)를 참고하기 바람.

삼을 때, '덕을 세우는 윤리'의 참뜻이 비로소 드러난다. 교회를 은혜공동체로, 신앙인을 은혜적 정체성의 존재로 인식해야 한다. 바로 거기에 교회의 윤리적 가능성이 자리한다.

정말 문제 삼아야 할 것이 있다면 복음대로 살지 못한 점이다. 긍휼의 은혜를 힘입은 존재로서, 내게 주신 주의 은혜를 따라 은혜를 중심으로 살아야 마땅하다. 복음대로 살자는 뜻이다. 덕스러움의 기초요 실천과제가 여기 있다. 우리가 세워야 할 것이 있다면, 그것은 덕스러운 교회이다. 덕스러운 교회를 위해 덕스러운 신앙인을 세워야 마땅하다. 그리고 이 모든 덕스러움의 기초에 '복음'이 있음을 잊어서는 안 된다.

긍휼은 심판을 이기느니라 (약2:13)

참고문헌

*이 책은 새세대 교회윤리연구소(NICE)의 〈은혜윤리 시리즈〉의 하나이다.

새세대 교회윤리연구소 문시영, 『복음대로 사는 윤리』(북코리아, 2009)

새세대 교회윤리연구소 문시영, 『긍휼』(북코리아, 2007)

새세대 교회윤리연구소 문시영, 『은혜윤리』(ELC미디어, 2006)

Armstrong, A. H., (ed.), *The Cambridge History of Later Greek and Early Medieval Philosophy* (Cambridge Univ. Press, 1970)

Gilson, E., *The Christian Philosophy of St. Augustine*. Trans. by L. E. M. Lynch (Lowe and Brydone Ltd., 1960)

Gill, R., *Churchgoing and Christian Ethics* (Cambridge Univ. Press, 1999)

Hauerwas, S., *The Peaceable Kingdom: A Primer in Christian Ethics* (Univ. of Notre Dame Press, 1983)

__________, *Christian Existence Today: Essays on Church, World, and Living in Between* (Duke Univ. Press, 1988)

__________, *Truthfulness and Tragedy* (Univ. of Notre Dame Press, 1977)

__________, S., *A Community of Character: Toward a Constructive Christian Social Ethics* (Univ. of Notre Dame Press, 1986)

__________, *Vision and Virtue: Essays in Christian Ethical Reflection* (Univ. of Notre Dame Press, 1974)

Hauerwas, S., & Willimon, W., 김기철 역, 『하나님의 나그네 된 백성』(복 있는 사람, 2008)

Jaspers. K., *Augustin* (München: R. Piper & Co., 1976)

Ramsey. P., *Basic Christian Ethics* (The Univ. of Chicago Press, 1980)

LeRoy. Long, E., Jr. *A Survey of Recent Christian Ethics* (Oxford Univ. Press, 1982)

MacIntyre. A., *After Virtue*. 2nd ed. (Univ. of Notre Dame Press, 1984)

Banks. R., 장동수 역, 『바울의 그리스도인 공동체 사상』(도서출판 여수룬, 1995)

Furnish, V. P., 김용옥 역, 『바울의 신학과 윤리』(대한기독교출판사, 1994)

Yancy. P., 윤종석 역, 『놀라운 하나님의 은혜』(한국기독학생회출판부, 2006)

홍성우, 『자유주의와 공동체주의 윤리학』(선학사, 2005)

황경식, "덕의 윤리에 대한 찬반논변", 김영철 외, 현대사회와 윤리(서광사, 1989)